"三板一线"
小学语文阅读课 教学模式

The teaching mode of "three boards andone line" in primary Chinese Reading Course

陈升旭 著

光明日报出版社

图书在版编目（CIP）数据

小学语文阅读课"三板一线"教学模式／陈升旭著．
--北京：光明日报出版社，2019.9
ISBN 978-7-5194-5481-4

Ⅰ.①小… Ⅱ.①陈… Ⅲ.①阅读课—教学研究—小学 Ⅳ.①G623.232

中国版本图书馆 CIP 数据核字（2019）第 188353 号

小学语文阅读课"三板一线"教学模式
XIAOXUE YUWEN YUEDUKE "SANBAN YIXIAN" JIAOXUE MOSHI

著　　者：陈升旭	
责任编辑：章小可	责任校对：赵鸣鸣
封面设计：廖志文	责任印制：曹　净

出版发行：光明日报出版社
地　　址：北京市西城区永安路 106 号，100050
电　　话：010-63131930（邮购）
传　　真：010-67078227，67078255
网　　址：http://book.gmw.cn
E - mail：zhangxiaoke@gmw.cn
法律顾问：北京德恒律师事务所龚柳方律师
印　　刷：三河市华东印刷有限公司
装　　订：三河市华东印刷有限公司
本书如有破损、缺页、装订错误，请与本社联系调换，电话：010-67019571

开　　本：170mm×240mm	
字　　数：259 千字	印　　张：17
版　　次：2019 年 9 月第 1 版	印　　次：2019 年 9 月第 1 次印刷
书　　号：ISBN 978-7-5194-5481-4	
定　　价：68.00 元	

版权所有　　翻印必究

前 言

众所周知，关于教学模式的利与弊的问题，就像一只手掌伸出来的两面一样，历来是教学界争论不休的事情。不可否认的一个事实是——"教学模式"的确有一定的缺陷，甚至短板，然而一套科学的"教学模式"其优势也颇为明显。本书的目的不是探讨"教学模式"好不好、要不要等辩论性的问题，而是探讨教学模式如何用好、如何提炼、是否科学等建设性的问题。构建个人科学的教学模式有三条是基础：一是有科学可行的理论支撑；二是经历一定时间的实践；三是形成稳定的个人教学风格。

1999年7月我开始教小学语文。大约10年后，逐渐形成个人的教学风格——简单有效、灵动风趣。"简单有效"是基础，是前提；"灵动风趣"是艺术，是提升。"简单"指向教学过程，包含三方面，即任务简单、过程简单、方法简单。"有效"指向教学评价，即教学目标是否有效，教与学的目标是否一致，想教什么与实际在教什么是否一致，评价方式是否合适，教学效果如何等。"灵动"指向课堂设计，即在整体教学设计中尽量达成前呼后应、巧妙穿插，体现"起承转合"的艺术特点。"风趣"指向教师的教学方式，意指在教学过程中老师语言的巧妙点拨、幽默阐述。这种风格的形成对后来小学语文阅读课"三板一线"教学模式的提炼起着奠基的作用。

自2012年起，在上级的帮助下，我陆续成立了镇、市级名师工作室，开始组建以自己为核心的语文教师研究团队。那时起，从优秀语文教师的教学风格中提取元素，构建科学的小学语文阅读课教学模式成了我们工作室的主要研究任务。2013年在广东省第二师范学院培训期间，我很庆幸得到桑志军教授的指点，开始着手教学风格及教学模式的提炼。我选择了小学语文阅读教学模式的研究方向，完成了人生中第一个较为规范的课题研究论证。从2012年开始至今，小学语文阅读课"三板一线"教学模式一直是我们工作室专心提炼与实践的方向。确定这一目标的原因有以下几个。

其一，目前小学语文教学界关于阅读课的研究与实践非常多，但系统化、模式化的研究还较少。许多还停留在经验介绍层面，缺乏深度论证和系统阐述。

其二，现阶段的小学语文教师工作任务繁重，无法深入研究教材、教法，教学内容多而低效。照搬网上教案的现象较多。

其三，年轻教师的成长之路必须经过教学设计及教学实践两大阶段。最快、最有效的方法是让其迅速掌握一套科学的教学模式，教学模式是连接教学设计到课堂实践之间的有效途径。

其四，针对语文教学的课型多、内容杂、形式广的特点，必须挑选最具普遍性、使用率较高的课型进行研究。掌握好这一模式将大大提升语文教学的整体质量。

基于以上原因，我们在构建阅读课"三板一线"教学模式时，把科学、简易、有效确定为该模式的基本特点。

通过工作室6年多的学习、实践与推广，"三板一线"教学模式逐渐积累起丰富的素材与经验。本书的结集出版既是对前一时期研究成果的展示，也是一线语文教师学习、实践"三板一线"教学模式的行动指南。

本书的绪论部分，我们花了一定笔墨回顾了中国语文教学模式发展之路。其中的主要原因是中国语文教学模式并非"横空出世""天外飞石",而是具有非常强烈的传承性与时代性。承前才能启后,继往才能开来。所有新模式的提炼,务必来源于已有模式的传承。本书的上篇部分,花了大量篇幅对涉及"三板一线"教学模式的概念及理论进行构建。这是很有必要的。通常情况下,我们知道一件事物的外显十分简单,但如果对其内涵及原理不理解,那么运用起来就容易造成"似是而非"的境况。"三板一线"的外显形式看起来十分简单,在以往工作室学员的学习中也经常遇到这样的问题:一开始大家学习"三板一线"时,刚刚听完讲座,马上就有学员按照模板设计出来了。但随着年段、课文的变换,再次设计时又陷入了茫然的状态。这就是因为对"三板一线"的构建理论没有完全掌握,所以,理论的学习要放在前面,要让学习者——知其然,还要知其所以然。

  本书即将付梓,非常感谢桑志军、严考全、黄小颂、杨咏民等小学语文专家的激励与指点。东莞市小学语文教研员严考全老师早在3年前就反复嘱咐我:"你要走小语专业发展道路,不能只会上课,在必要的时候,要进行理论学习与总结。你的论文写的还远远不够。"正是在他的鼓励下,最近几年我恶补了自己的短板。靠着平时的研究与总结,才得以形成本书的最初积累。

  本书的撰写得到了东莞市教育局教研室严考全、黄小颂教研员的指导与帮助。同时,小学语文专家孙春成老师为本书的撰写提供了珍贵资料;广东第二师范学院桑志军教授,小语专家杨咏民老师也为本书的撰写提供了指导性意见。感谢东莞市教育局、寮步镇教育局对本书出版提供经费支持;感谢"小太阳语文工作室"全体同仁对"三板一线"教学模式的认同与支持;感谢工作室钟肖君、刘倩芬、许青等老师的细心校对;感谢我的夫人林丽英对家庭的倾心付出……正是有了身边这些"贵人"的大力支持,才让我得以集中精力完成此书。

  尽管是全力以赴,但由于本人学识有限,加上有一定时代与专业的限制,本书的论述难免有不当之处。敬请各位同人批评指正,多提宝贵意见；也欢迎有志于研究小学语文阅读教学模式的同道通过以下联系方式与我们进行探索与交流。

邮箱：shengxu1999@126.com

微信：13612732580

陈升旭

2018 年 8 月

目 录
CONTENTS

绪论　中国小学语文阅读教学模式溯源及趋势 ················· 1

  第一章　中国小学语文阅读教学模式溯源 ················· 3

    第一节　"五四"运动至1949年 ················· 5

    第二节　1949年至1966年 ················· 9

    第三节　1978年至今 ················· 11

  第二章　中国小学语文阅读教学模式趋势 ················· 14

    第一节　构建语文阅读教学模式对未来教学趋势的影响 ················· 14

    第二节　教学大纲对阅读教学模式趋势的影响 ················· 18

上编　小学语文阅读课"三板一线"教学模式的理论构建 ················· 23

  第一章　概念解读 ················· 25

    第一节　关于阅读与阅读教学 ················· 25

    第二节　关于阅读课 ················· 27

    第三节　关于"三板一线"教学模式 ················· 28

    第四节　关于"标准课时"与"完整课时" ················· 30

    第五节　关于"基础性目标"与"聚焦性目标" ················· 32

  第二章　理论资源 ················· 33

第一节　丁有宽老师的读写结合教学模式	33
第二节　靳家彦老师的四步导读教学模式	36
第三节　王志尚老师的"线形"教学模式	39
第四节　张伟老师的"球形"阅读教学模式	43
第五节　薛法根老师的小学语文组块教学	46
第三章　理论基础	50
第一节　"三"的学问	51
第二节　"一"的学问	58
第三节　板线学习原理	66
第四节　语言学习规律	67
第五节　文本感知原理	72
第六节　深度学习理论	73
第七节　大道至简的艺术理论	76
第八节　主次分明的艺术原理	80
第九节　前后呼应的艺术原理	84
第四章　设计理念	86
第一节　从课程的高度来观照	86
第二节　用科学的方法来规范	89
第三节　以艺术的境界来审视	89
第四节　用儿童的眼光来观察	90
第五节　从教师的需求来构建	90
第六节　从学习的深度来评价	91

下编　小学语文阅读课"三板一线"教学模式的实践体系 …… 93
　第一章　模式架构 …… 95
　　第一节　设计模板 …… 95
　　第二节　关于"课前" …… 106

第三节　教学目标 …………………………………… 111
　　第四节　"三板"是什么？ ……………………………… 131
　　第五节　"一线"是什么？ ……………………………… 185
　　第六节　关于"课后" …………………………………… 196
第二章　设计程序 …………………………………………… 201
第三章　教学应变 …………………………………………… 203
　　第一节　年段的变化 …………………………………… 203
　　第二节　文体的变化 …………………………………… 204
第四章　课堂观察 …………………………………………… 212
第五章　注意事项 …………………………………………… 215
　　第一节　朗读的层次 …………………………………… 215
　　第二节　教学的精简 …………………………………… 216
　　第三节　推进的步骤 …………………………………… 221

案例："三板一线"样板课教学设计与实录 …………………… 223
第一章　第一学段 …………………………………………… 225
　　第一节　《荷叶圆圆》聚焦语言积累的教学设计 ……… 225
　　第二节　《荷叶圆圆》聚焦语言运用的教学实录 ……… 229
第二章　第二学段 …………………………………………… 240
　　第一节　《太阳是大家的》聚焦文体意识的教学设计 … 240
　　第二节　《太阳是大家的》聚焦文体意识的教学实录 … 242
第三章　第三学段 …………………………………………… 251
　　第一节　《彩色的非洲》聚焦学习方法的教学设计 …… 251
　　第二节　《彩色的非洲》聚焦学习方法的教学实录 …… 253

绪论 中国小学语文阅读教学模式溯源及趋势

第一章　中国小学语文阅读教学模式溯源

近代以来，大量的语文教育工作者在一线教学工作中，慢慢形成了自己一系列相对固定的教学风格、教学习惯、教学手段、组织形式和教学方法。这些教学风格、教学习惯、教学手段、组织形式和教学方法在时间的积淀下，逐渐被大多数语文教学工作者所认可和模仿，并得到迅速推广。在此过程中，不断有人对其进行润色和加工，使之日趋完善。于是，逐渐形成容易被接受、被学习、被推广的教学思想、教学程序和教学方法。我们把这些组合而成的策略体系称之为"教学模式"。

综上所述，**语文教学模式就是为解决特定的语文教学问题，在同一教学思想引领下，语文教师在课堂教学中经常使用的、相对固定的教学程序和教学方法的综合策略体系。**

哲学上，在开始任何一项理论或行为研究前，都需要对"我来自哪里"这一问题进行必要的交代与阐述。同样，开始阅读本书前，必须对所研究的重要对象——小学语文阅读教学模式的"前世今生"有所了解。

我国的语文阅读教学最早统称为"语文课堂教学"。因为早期的小学语文教学从私塾读经发展而来，并没有严格意义上的语文教学分类体系。所谓的"识字教学""阅读教学""习作教学"等分类是现代语文教学界慢慢衍生出来的课型。从某种意义上讲，中国语文阅读教学之路就是一条语文教学发展之路。所以，当我们要开启中国语文阅读教学模式的溯源之旅时，实际就是在追寻一条中国语文教学模式的发展之路。

按时间的发展，简单来说，近代中国小学语文阅读教学模式的发展可分为三个阶段。如图1所示。

```
"五四"运动至1949年 | 1949年至1966年 | 1978年至现在
```

图1　近代中国小学语文阅读教学模式发展阶段

语文课堂教学模式是设计、组织、调控语文教学活动的一整套语文教学方法体系,是介于语文教学理论和语文教学实践之间的一个环节。因此,语文教学要形成模式,一要有一定的教学理论基础;二要有必需的操作程序。由于语文教学过程内部各要素的组合方式不同,因此可以构成各种不同的语文课堂教学模式。

"五四"运动之后,由于西方教学理论的植入,使我国的语文教学产生了一定变化,但传统语文教学模式仍占主要地位。新中国成立之后,我国语文教学受到苏联教学理论的影响,发生较大变革。但仍保持有传统的语文教学特点。1976年以来,语文教学改革一方面继承和发展了我国传统的语文教学模式,另一方面吸收了许多现代教学理论,使语文教学形成了多种模式。现将每个时期语文阅读教学模式的重要代表人物与模式名称简化如图2所示[①]。

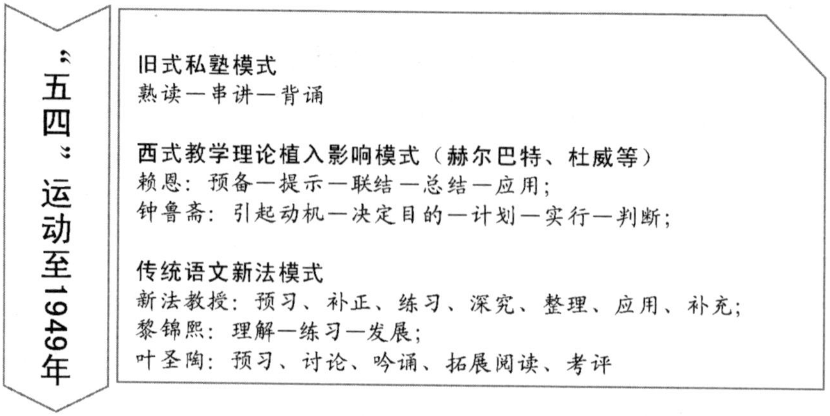

"五四"运动至1949年

旧式私塾模式
熟读—串讲—背诵

西式教学理论植入影响模式(赫尔巴特、杜威等)
赖恩:预备—提示—联结—总结—应用;
钟鲁斋:引起动机—决定目的—计划—实行—判断;

传统语文新法模式
新法教授:预习、补正、练习、深究、整理、应用、补充;
黎锦熙:理解—练习—发展;
叶圣陶:预习、讨论、吟诵、拓展阅读、考评

转下页图

---

① 注:参见田本娜:《小学语言教学改革的理论与实践》,人民教育出版社1997年版,第63-72页。

接上页图

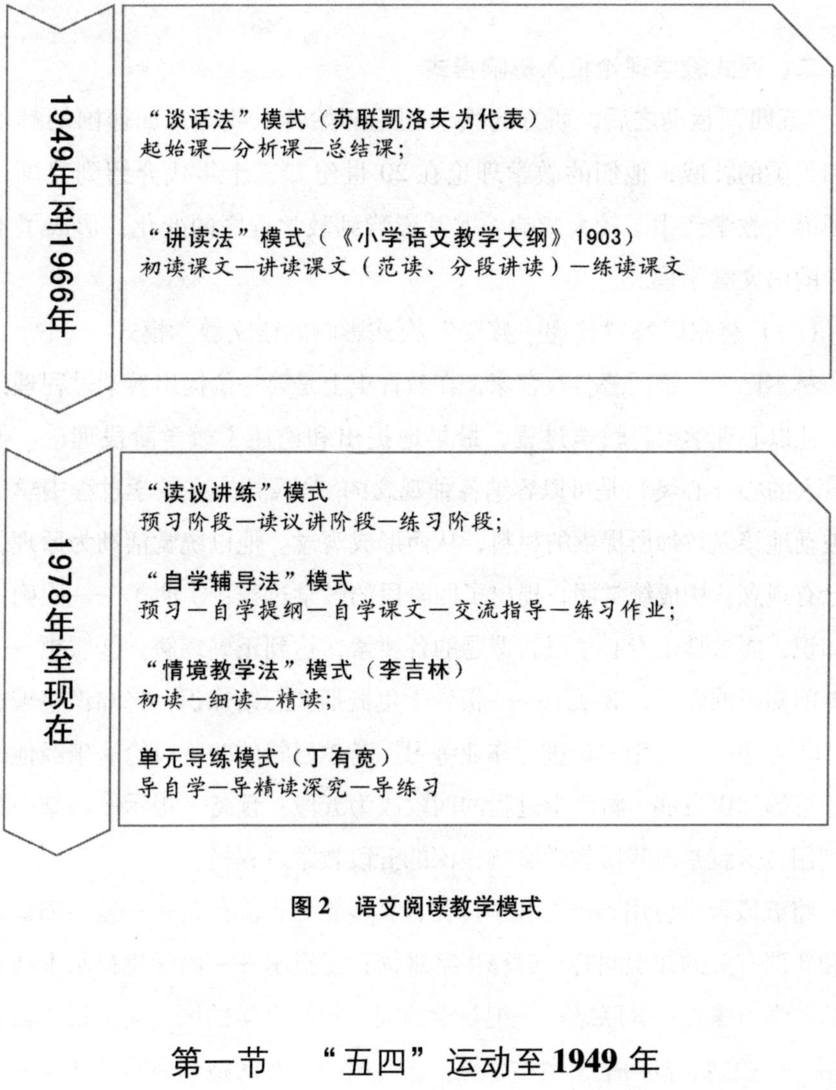

1949年至1966年

"谈话法"模式（苏联凯洛夫为代表）
起始课—分析课—总结课；

"讲读法"模式（《小学语文教学大纲》1903）
初读课文—讲读课文（范读、分段讲读）—练读课文

1978年至现在

"读议讲练"模式
预习阶段—读议讲阶段—练习阶段；

"自学辅导法"模式
预习—自学提纲—自学课文—交流指导—练习作业；

"情境教学法"模式（李吉林）
初读—细读—精读；

单元导练模式（丁有宽）
导自学—导精读深究—导练习

图 2　语文阅读教学模式

第一节　"五四"运动至 1949 年

一、旧式私塾模式

1903 年我国开始在中小学开设国语学科。其大体教学过程虽然不同于旧式私塾的教学，但如"观读—串讲—背诵"这一古老的语文教学模式，仍普遍采用，流传久远。

二、西式教学理论植入影响模式

"五四"运动之后，西方的教学理论开始传入我国。如德国的赫尔巴特和美国的杜威，他们的教学理论在20世纪二三十年代介绍到我国，对我国语文教学产生了较大影响，尤其影响到教学程序的变化，形成了不同流派的语文教学模式。

（一）赫尔巴特"传递—接受"模式影响的语文教学模式

赫尔巴特，德国著名教育家，在教育史上是第一位提出教学过程理论的人。他以心理学解释教学过程，最早地提出和论述了教学阶段理论。他认为，人的心（心灵）是可以容纳各种观念的"容器"，在教学过程中学生只能被动地接受教师所提供的材料，从而形成观念。他以统觉活动为原理，利用已有观念，构成统觉团，提出了四阶段的教学过程：①明了——明确讲授新知识，要求学生专心学习新课题的各要素，达到正确理解；②联想——建立新旧知识的联系；③系统——指导学生概括和总结知识，将知识整理成系统；④方法——运用知识进行作业练习。赫尔巴特的四阶段论后来经他的学生赖恩等加以发展，将教学过程的四段改为五段：预备—提示—联结—总结—应用。这就是对我国教学影响很深的五段教学过程模式。

将五段教学应用到语文教学过程，其步骤为：①预备——复习旧课，进行和新课有关的知识问答，解释生字难词；②提示——向学生提示本课教学目的和学习重点；③联结——把新学的词、句同已学的词、句进行比较；④总结——归纳、概括全文中心思想；⑤应用——练习造句、写短文等。

（二）杜威"儿童活动"模式影响下的语文教学模式

杜威，美国著名教育家。他的实用主义教学论主张，教学过程要以儿童为中心，从儿童的个人生活实践出发，在活动中学习。他提出了教学过程的五个要素：①情境——要为学生创设一个真实的经验和情境，要有一个针对活动本身的动机；②问题——在该情境中产生一个真实的问题，作为思维的刺激物；③假设——要占有一定的知识和资料，进行必要的解决问题的观察；④解决——想出解决问题的步骤和办法；⑤验证——通过应用检查想法，发现自己想法是否有效。强调在该过程中，在教师指导下，使学生获得比较完整的经验，以及分析问题、解决问题的能力。

该教学模式，于20世纪二三十年代在我国的语文教学中产生了一定影响。如钟鲁斋著《小学各科新教法之研究》一书中曾提到："教学读文的程序，或用五段法，或用设计法，有许多小学还用旧式教法，即演讲法或五段法，近年来设计法颇通行。"并以讲读谜语为例，具体说明教学的步骤：①引起动机——教员先讲其他谜语引起儿童学谜语的兴趣；②决定目的——学会一个谜语，猜出一个谜语；③计划——教师和儿童讨论哪一种谜语好，猜物的还是猜字的，如果是猜物，即将准备好的谜语给大家思索；④实行——猜出了谜底，教儿童解说，其中生字要儿童认识，意义要十分明了；⑤判断——教员判断优劣。

三、以我国传统的语文教学新方法为特征的语文教学模式

1922年，我国实行新学制后，采用新法教授国文。所谓新法，是将西方教学理论的合理因素，融于我国传统的语文教学经验之中的方法。形成各种语文教学模式。

(一)《新法国文教授书》介绍的语文教学模式

1. 预习

学生准备，默读课文，写出生字，教师向学生提问。

2. 补正

问题解答和字词、语句解释。

3. 练习

读讲、抄写、表记、译白等。

4. 深究

内容深究：进一步理解文章主题；形式深究：理解语言表达形式。

5. 整理

内容方面：段落大意，全文要旨；形式方面：文体构成。

6. 应用

实质：命题笔答，发表心得；形式：仿写，改作等。

7. 补充

与其他学科的联系等。

（二）黎锦熙先生设计的语文教学模式（共三段六步）

1. 理解

分两步：①预习。指示目的，唤起学习动机，预备的指导和儿童预备；②整理。儿童问疑，教师试问，儿童答问。

2. 练习

分两步：①比较。略述文章要素，概括课文要旨；②应用。注意读课文的表演和实质的谈辩。

3. 发展

分两步：①创作。除作文外，还要注意语言的技术；②活用。养成读书能力和调查的兴趣，以及养成儿童自由参与的习惯和对文学（广义的）鉴赏、批判的能力。

（三）叶圣陶先生设计的语文教学过程模式

叶圣陶先生在《精读指导举隅》的前言中详细地论述了语文教学过程。

1. 预习

非常强调预习效果。预习应完成如下工作：①通读全文，了解文章大意。要求学生对分段、标点做一番思考。②认识生字生词。要求"一方面知道解释，另一方面更知道该怎么使用"。③解答教师提问。问题包括作者思路发展的线索、文章的时代背景等，让学生在预习的时候寻求解答。如果学生能够解答得大致不错，就算真正做到了精读。④写预习笔记。将教师提问、答问要点写下来，作为上课讨论依据。

2. 讨论

上课由学生讨论，教师做主席、评判人和订正人，养成学生讨论问题、发表意见的习惯。讨论要训练"听取人家的话，评判人家的话，用不多不少的话表白自己的意见，用平心静气的态度比勘自己与人家的意见，这些都要历练的"。最后，教师小结，要简明扼要，要求学生记在笔记本上。

3. 吟诵

"吟诵就是心、眼、口、耳并用的一种学习方法"，即诵读。吟诵对于讨论中所得不仅要理智地理解，而且要亲切地体会，使内容与理法化为读者自己的东西。要教学生诵读符号，以标示诵读时声调高低、强弱、缓急。

4. 拓展阅读

以精读篇为基础，扩展阅读内容，达到精读与博览相结合。

5. 考评

考查的方法很多，如背诵、默写、简缩、扩大、摘举大意、分段述要、说明作法、述说印象等。

这一历史时期的语文教学模式，有古老的传统式，有受西方教学思想影响的不同模式，更主要的是以我国传统经验为基础，并吸取西方教学思想的有益因素而形成的语文教学模式。这些对我国语文教学的发展曾产生过积极的影响。可惜 20 世纪 50 年代以后，未能很好地学习、吸取。新时期以来，我们才开始重视学习、运用这些宝贵的历史遗产，以促进我国语文教学模式的发展。

第二节 1949 年至 1966 年

一、以谈话法为特征的语文教学过程模式

20 世纪 50 年代初期，以苏联教育专家凯洛夫为代表的教学理论传入

我国，语文界批判了语文教学串讲课文的模式，提出采用谈话法教学语文。其教学模式如下：

1. 起始课

介绍作品和作家的时代背景，集中讲解生字词，熟悉课文大意。

2. 分析课

阅读和分析课文，通过朗读、默读课文，分析人物和情节的发展过程，着重内容和思想的分析。

3. 总结课

概括主题思想，总结写作方法。

全过程贯穿师生谈话。

该语文教学模式的特点：①从课文整体入手，再到课文各部分，最后又回到课文整体，可使学生对作品反映的人物、事件、景物获得比较完整的印象。②在教与学的关系上着重师生共同谈话活动。③突出了文学因素，思想教育。但由于侧重于文章内容和故事情节的分析与谈话，不同程度地削弱了语文基础知识和语文基本能力的教学与训练。虽然在60年代初期，语文教育工作者和广大语文教师有所扭转，提出"一定要加强语文基本功训练"。但继之受到"文革"的冲击，其影响至今仍然存在。

二、以讲读法为特征的语文教学模式

讲读教学是1963年制定的《小学语文教学大纲（草案）》所规定的。这部大纲指出："讲读教学包括教师和学生两方面的活动，一方面是教师的讲解和指导，一方面是学生的诵读练习。教师要认真地把课文讲解清楚，并且要引导学生积极地、主动地听讲和完成作业。"要求在教学过程中，有讲、有导、有读、有练，但仍以讲为主。具体过程如下。

1. 初读课文

学习生字词，理解课文大意。

2. 讲读课文

步骤为：①范读——一般由教师读或由读得好的学生读；②分段讲读——要求贯彻文道统一原则，概括段意；③总结——概括文章中心思想，总结写作方法。

3. 练读课文

熟读、背诵，做各种听、说、读、写能力的基本训练。

该语文教学模式，仍以教师讲为特点，但比较重视学生语文基本能力的训练，至今仍为大多数教师所采用。

第三节　1978年至今

一、以读、议、讲、练法为特征的语文教学模式

这一教学模式分三个阶段。

1. 预习阶段

预习阶段的步骤为：①初读课文，初步理解生字、难词和课文主要内容。②思考问题。对文章标题、作者思路和文章结构以及文章重点部分和语言表达、文章主题等问题的思考；思考的问题随年级增长而逐步加深，要求带着问题读写。逐步要求学生写预习提纲和笔记。

2. 读、议、讲阶段

这是教学过程的主要阶段，包括：①细读课文。分段、分层读，逐句、逐字地读；对文章的语言、结构、思想内容、写作方法，进行细琢细磨地研读。尤其是重点段落，要将字里行间的含蓄之意、比喻之意、言外之意体会出来；将作者的思路、情感厘清、读懂。②深读课文。从语言表达的角度去读，分析、比较、概括作者的立意、构思、语言表达特点，体会语感，欣赏和记取精美、规范的语言，提高对主题思想的理解，学习表达方法。细读、深读紧密结合，以读为主，读不懂的部分或重点可以议论

及教师讲解，在教师指导下，将读、议、讲融为一体。

3. 练习阶段

熟读课文，要求背诵的篇目或片段要熟读，练习的目的主要是提高读写能力，练习方式多样。检查效果可以在练习后进行，也可以和练习结合进行。

二、以自学辅导法为特征的语文教学模式

1. 预习

学生初读课文，自学生字、难词。

教师布置自学提纲，随着年级增长，学生可以自拟学习提纲。

学生依据读书提纲认真读书、查工具书、做读书笔记。

在教师指导下进行朗读、默读、质疑、讨论，对课文进行深入理解和欣赏、评论。

2. 练习和作业

该语文教学模式以学生自读为主，教师要指导学生认真读书，关键是把自学提纲拟好，自学提纲要反映教学目的、教学难点以及重点训练项目，要教给学生读书方法。

三、以情境教学法为特征的语文教学模式

此为小学语文特级教师李吉林所设计和运用的一种语文教学模式。充分利用形象，创设具体生动的情境——通过生活显示情境、实物演示情境、音乐渲染情境、图画再现情境、扮演体会情境、语言描绘情境，阅读贯串始终。将言、形、情融为一体，促进学生对教材的理解、体验和记忆。有如下具体程序。

1. 初读

创设情境抓全篇，理解作者思路进行——读通。通过各种方式创设情境导入新课，初步感知教材；理解作者思路，了解课文大意。

2. 细读

突出情境抓重点，理解关键词、句、段——读懂。强化感知，充分利用情绪加深内心体验，提供契机，展开联想与想象。丰富课文内容，设计训练，在运用中加深理解。

3. 精读

凭借情境品语感，欣赏课文精华——读深。运用比较、诵读方法进行语感教学。影响学生产生与作者共鸣的情感，进一步获取关于是与非、美与丑的审美观念。

四、单元导练教学模式

此为小学语文特级教师丁有宽所设计和采用的一种语文教学模式。以一个单元教材为单位，突出导练重点。每单元有七八篇课文，分精读课、略读课、自学课、综合练习四类课型。

精读课的教学，主要任务是使学生基本掌握本单元规定的训练目标，以及掌握学习重点的要领、方法，为略读课、自学课奠定基础。其教学程序如下。

1. 导自学

通过预习指导学生自学课文，初步理解课文生字及课文内容。

2. 导精读深究

深究重点段，品词、品句，领会学法。要求达到五会：会理解、会复述、会背诵、会品评、会运用。

3. 导练习

指导学生运用和总结学习方法，巩固知识，加深理解，提高语言运用能力。进行多层次练习，达到掌握训练目标。

单元导练教学模式是以目标教学理论和语言构造方法为指导的，全过程体现读写结合，注重指导学生在理解基础上的自学练习，以提高学生独立的听、说、读、写能力。

第二章　中国小学语文阅读教学模式趋势

第一节　构建语文阅读教学模式对未来教学趋势的影响

当前小学语文阅读教学总体来说会受到国家意志、教学大纲（教材）、教师、学生以及教学法五大因素的影响。其中，国家意志、教学大纲（教材）是相对固定的。那么，能够直接对教学质量产生影响的因素就落在了教师、学生和教学法这三大因素中。因此，构建良好的语文阅读教学模式对未来教师、学生以及教学法都产生一定的影响。

一、良好的阅读教学模式直接影响未来语文教师的教学观念与教学行为

2000年以前，我国大多数小学教师来自中等师范学校（简称"中师"）。"中师"是培养小学师资的中等专业学校。其学制有三年制和四年制两种，优先招收优秀初中毕业生。在过去相当长的一段时间里，这些中师生是中国小学教育的中坚力量。他们当中大多数人如今还活跃在中国教育界，甚至担任着小学教育的引领人。进入21世纪后，中等师范学校陆续被取消，升级为大专或本科院校。2014年教育部宣布，中小学生教师资格考试与定期注册制度试点范围将扩大。2015年，中国全面推行教师资格全国统考，实行定期注册制度。这一改革措施直接影响了未来中国师资队

伍的人才结构。原先专校、专职、专人、定向培养的师资队伍，变成了全面、兼职、全体、自由的教师队伍。教师成了可自由选择的职业。这其中有不少原来从事其他职业或者学习其他专业的人通过资格考试变成了语文教师，尽管这些人之前并没有太长时间系统学习语文教学知识和技能。因此，未来的语文教师在入职后两至三年内都将是专业成长的摸索期。他们没有教学专业指导教师，没有太多时间学习系统的教学理论，教学实习过程短暂而匆忙。小学语文教学课时中，阅读教学所占比例高达60%，因此，创建科学、完整、易于学习模仿的阅读教学模式将是现在和未来教师专业成长的趋势。反过来，良好的阅读教学模式对语文教师教学观念、教学行为、课堂结构等都有进一步的优化作用。

马赫穆托夫认为：课的结构是作为一种有益的组织知识，作为一种指示和标准理论而被人们理解和运用的。然而，由于人们过多地强调"教无定法"，而忽视了教学应当有"法"的一面，忽视了对这种"组织知识"和"标准理论"的研究，在冲破了赫尔巴特和凯洛夫的模式之后，并没有真正建立起科学的课堂教学结构体系，课堂教学的随意性很大。不少教师对课堂上的40分钟缺乏通盘的考虑，导致课堂结构松散，教学指标不能落到实处。在学习研究优秀教师的教学经验时，也往往偏重于他们的教学艺术而忽视了对他们的教学模式的研究，因而不能从整体上把握优秀教师教学经验的科学内涵，只重视局部的、形式上的学习模仿。有相当部分教师的课至今还未上路，违背教学规律的蛮干现象屡见不鲜，影响了教育教学整体效益的提高。事实告诉我们，教学的艺术性是附丽于教学的科学性的。只有重视课堂教学模式的研究，才能充分揭示课堂教学的一般内在联系和普遍规律；只有优化课堂教学结构，才能实现依靠普通教师教好普通学生的愿望，达到大面积提高教学质量的目的。

因此，构建一套良好的阅读教学模式对未来语文教师专业成长具有十分重要的意义。

二、构建科学的阅读教学模式能促进学生的全面发展，促进学习效率的提高。

首先，一套良好的阅读教学模式能够对语文阅读教学的课堂结构进行优化处理。而优化的课堂结构是培养全面发展的新人的重要条件。苏霍姆林斯基认为："完善的智育的一个非常重要条件，就是教学方法、课的结构以及课的所有组织因素和教育因素，都应当与教材的教学目的和教育相适应，与学生的全面发展的任务相适应。"事实上，系统的结构决定着系统的性质和功能，结构和功能总是相互制约，只有当教学处于合理的课堂结构之中，才能为学生的全面发展提供条件。我们常常看到这样一些情况，有些老师一味强调"发挥讲的优势"，课上"一讲到底"的课堂结构很不合理，学生处于被动、消极、受压抑的境地，在这种单调、沉闷的课堂结构的禁锢之下，用不了很长时间，一个生气勃勃的班级就会变得死气沉沉，学生的智能得不到充分的发展；有些老师则不然，他们认真备课，精心设计教案，注重课堂结构的优化，引导得法，点拨有方，大大调动了学生的学习积极性，甚至原来死气沉沉的班级在这合理的课堂结构中也变得生气勃勃，学生的智能也在"活"的教学环境中得到发展。而这些成熟而稳定的教学模式在很大程度上可以帮助学生建立良好的学习习惯，促进他们的学习兴趣。

其次，未来构建的语文阅读教学模式的教学任务，应当以培养学生自学能力为主要功能目标。功能目标是人们在设计教学模式时处理结构、安排程序、选择策略方法的依据。功能目标不同，模式的设计也便有别。未来构建的阅读教学模式，应以培养学生的自学能力作为主要功能目标（当然，不排斥还有其他功能目标）。语文教学应该培养学生听、说、读、写、思考、审美、积累、阅读、概括、判断等语文能力。这种能力，主要不是指对教师讲解的教材的复现能力，而是对未曾接触过的材料的独立吸收、表达的能力，即自学能力。所以叶圣陶先生指出"教是为了不教""教材无非是个例子"，要让学生"自能读书""自能作文"。自学能力不仅是衡量语文水平高低的主要标志，而且是构成人的素质的基本因素之一。以培养自学能力为功能目标，语文教学改革就抓住"牛鼻子"了。

三、教学模式影响小学语文阅读教学改革发展趋势

构成完整的阅读教学体系包含以下几方面，如图3所示。

图3 教学模式

首先，在一定教学思想的引领下，选择恰当的、固定的组合方式构建教学模式，是优化课堂结构最好的方式之一。一堂课的效果如何，取决于课堂结构是否合理。系统论告诉我们，整体大于各孤立部分的总和，总体功能并不是组合的各个要素的简单相加，而是一种新的特定的功能。因此，我们在研究课堂教学的时候，不能只重视局部的优化。而应当着眼于整体的优化，从整体目标出发，研究课的各个组成部分的相互联系、相互结合和相互制约的规律，使课的各个要素相互协调、相得益彰。而形成这样一个"整体"的关键便是结构。

事实上，大部分教师在教学上有自己的个性或优势。或知识渊博，旁征博引；或擅长表达，口若悬河；或教风严谨，精雕细刻；或精于启发，循循善诱；或工于点拨，画龙点睛……但这些都是"局部"的优势。要想上出高效率的课，就必须依靠课堂结构的整体优化。许多优秀教师的课，总是结构合理、板块清晰、重点突出、详略得当，衔接自然、起伏和谐，技巧娴熟、语言精湛，使人如沐春风、如临大海，美不胜收、乐而忘返，使课堂教学进入理想境界。我们若细细品味一下这些课，就不难发现，虽然他们千姿百态，具有鲜明的个性，但是他们的课总有个"谱"，有个"模式"。即遵循教学目标和规律的要求，包括教学原则、教学形式、教学

17

方法等在内的一种教学结构格式。他们成功的关键就在于成功构建了科学规范的教学模式。这种模式能体现出课堂结构的合理和教学艺术的精湛。

再次，教学模式的创建抓住了课堂教学结构的优化，也就抓住了教学改革的"牛鼻子"。改革的目的是为了"自我完善"，优化课堂教学结构本身就是一项重大的改革，同时，它必然会带动其他方面的改革。因为，整体的课堂教学结构是系统的空间结构和过程的时间结构的统一。它不是线型的，而是立体的；它不是单一的"环节"或"过程"，而是内涵极其丰富、涉及许多教育教学因素的复杂结构。任何课堂结构都可以把教育思想、教学原则、教学方法、教学手段以及教师、学生、设备、环境统统组装起来，形成一个综合体，课堂结构的优化必须以先进的教育思想、科学的教学原则、正确的教学方法为前提。因此，构建优化课堂结构的教学模式，必然会影响并推动小学语文阅读教学思想、教学方法、教学手段等各个教学因素的变革趋势。

第二节　教学大纲对阅读教学模式趋势的影响

在人类社会中，大部分情况下教育的主流属性服务于政治和生产力的需要。同时，教育的发展也会直接影响生产力和政治的发展。服务于政治的部分，教育的功能主要体现在思想培养方面，具有极强的人文性；服务于生产力的部分，教育的功能主要体现在知识技能与创造力方面，具有极强的工具性。语文学科作为国家主流思想意识的培养基地，其教学必须考虑到国家政治的稳定性。同时，语文学科还是培养未来公民正确使用祖国语言文字的基地。因此，语文教学也像语文课程属性一样，同时具备思想性与工具性的高度统一。这是我国语文教学一个非常明显的特征，注定了我国现阶段小学语文教学必须是学习语文素养与思想教育同时进行。在这之上构建的教学模式也应当把这一特点考虑在内。因此，长期以来，我国语文教学均是遵循"大纲—教材—教师—教法"的推进路线。研究教学大纲的指导思想，会对当下和未来语文教学模式的发展趋势有一定的帮助。以下是有资料记载以来中国语文教学大纲年代、名称变迁情况：

1902 年 钦定蒙学堂章程

1902 年 钦定小学堂章程

1904 年 奏定初等小学堂章程

1904 年 奏定高等小学堂章程

1912 年 小学校教则及课程表

1916 年 国民学校令施行细则

1923 年 新学制课程标准纲要小学国语课程纲要

1929 年 小学课程暂行标准小学国语

1932 年 小学课程标准国语

1936 年 小学国语课程标准

1941 年 小学国语科课程标准

1948 年 国语课程标准

1950 年 小学语文课程暂行标准（草案）

1954 年 改进小学语文教学的初步意见

1955 年 小学语文教学大纲草案（初稿）

1956 年 小学语文教学大纲（草案）

1963 年 全日制小学语文教学大纲（草案）

1978 年 全日制十年制学校小学语文教学大纲（试行草案）

1980 年 全日制十年制学校小学语文教学大纲（试行草案）

1986 年 全日制小学语文教学大纲

1988 年 九年制义务教育全日制小学语文教学大纲（初审稿）

1991 年 中小学语文学科思想政治教育纲要（试用）

1992 年 九年义务教育全日制小学语文教学大纲（试用）

1994 年 关于印发中小学语文等 23 个学科教学大纲调整意见的通知

《九年义务教育全日制小学语文教学大纲（试用）》的调整意见

2000 年 九年义务教育全日制小学语文教学大纲（试用修订版）

2001 年语文课程标准（实验稿）

2011 年语文课程标准（修订稿）

……

这些教学大纲（课程标准）的确立实际上是提前奠定了当时语文教学思想的基础。通过语文教师的不断演进才产生了当时的语文教学模式。从某种意义上讲，课程标准在很大程度上决定了教学模式的教学思想，包括内容和形式。未来的小学阅读教学模式趋势，不能也不可能脱离课程标准来空谈构建。因此，认真研读现行课程标准是构建当下和未来有效教学模式的必经之路。

2018 年之前，小学语文经历了一场 10 年的"新课改"之路。其标志就是 2001 年颁发的《语文课程标准（实验稿）》以及当时教育部在全国中小学推进的"课程改革"。2001 年至今，在此大纲的指导下，全国有人教版、语文 A 版、湘教版、长春版、苏教版、语文 S 版、鄂教版、教科版、冀教版、西师大版、沪教版、人教版、鲁教版、北师大版、浙教版 15 版语文教材出版发行。这些教材版本的出现虽然在学科性质上没有太大不同，甚至有"百花齐放"之妙，但由于文本内容选择上存在差异，文化认同无法统一，与课程标准的指导思想存在偏差。联系到后来"统编版"教材的出现，我们不难看出，课程标准对语文教学有着极强的权威性和指导性。2011 版课程标准对小学语文阅读教学模式的发展趋势有如下几方面的指引。

一、语文阅读课所承载的教学任务是多维的、立体的、综合的

《语文课程标准（2011 版）》发布后，细心的人会发现在前言部分有如下的文字表达："语文课程致力于培养学生的语言文字运用能力，提升学生的综合素养，为学好其他课程打下基础；为学生形成正确的世界观、人生观、价值观，形成良好个性和健全人格打下基础；为学生的全面发展

和终身发展打下基础。语文课程对继承和弘扬中华民族优秀文化传统和革命传统，增强民族文化认同感，增强民族凝聚力和创造力，具有不可替代的优势。语文课程的多重功能和奠基作用，决定了它在九年义务教育中的重要地位。"这段文字当中，除了阐述语文学科的本质功能外，同时也强调了语文的德育奠基作用和多重功能。因此，课时量占据大多数的小学语文阅读课除了要阅读和教授阅读，还充当着下承"拼音""识字写字"，上启"口语交际""课外阅读""写作""综合性学习"的教学任务。同时，还应在教学过程中给予学生精神素养、习惯养成、思想文化等方面的培养。所以，构建现阶段的中国小学语文阅读课教学模式的任务应当是多元指向的，这样才能实现学生语文素养、审美、文化、认同感等多重功能的整体提升。

二、小学语文阅读课教学模式的指导思想是以教师为主导，学生为主体

教学，应该以教师为中心，还是应该以学生为中心？这是教育界数百年来争论不休的一个老问题。坚持以教师为中心论者，设计了"传递—接受"的教学模式；坚持以"学生为中心"论者，设计了"置疑—研讨"的教学模式。二者都未免走了极端。教学，其本质是学生在教师有目的、有计划的指导下，通过学习，掌握人类已有知识经验并获得智能、情感、意志、思想品德和个性等方面发展的过程。在这个发展过程中，教师居于主导地位，学生居于主体地位。2011 版语文课程标准奠定的"以教师为主导，以学生为主体"的指导思想，辩证地揭示了教师与学生在教学这个系统中各自的特殊地位。这样的教学指导思想，有利于调动教与学两个方面的积极性，并且已为大多数教师所接受，成为广大教师的共识。把"教师为主导、学生为主体"作为设计教学模式的指导思想，不仅教学模式有了深刻的哲学主题，而且有利于模式的大面积推广，是趋势所在。

三、努力体现语文教学的实践性

2011 版《语文课程标准》（修订稿）（以下称《课标》）中关于实践

21

性的阐述，涉及的有关语句如下。

"语文课程是一门学习语言文字运用的综合性、实践性课程。"

"语文课程是实践性课程，应着重培养学生的语文实践能力，而培养这种能力的主要途径也应是语文实践。语文课程是学生学习运用祖国语言文字的课程，学习资源和实践机会无处不在，无时不有。因而，应该让学生多读多写，日积月累，在大量的语文实践中体会、把握运用语文的规律。"

"语文课程应特别关注汉语言文字的特点对学生识字写字、阅读、写作、口语交际和思维发展等方面的影响，在教学中尤其要重视培养良好的语感和整体把握的能力。"

需要提醒的是，由于《课标》中关于实践的论述是出现在体现语文教学特点这一理念之下，所以我们大多数一线教师往往把语文教学的实践性狭隘地理解成"听、说、读、写"的训练。这显然是不全面的。因为《课标》开篇的第一句就提及了语文学科的性质是实践性课程，所以，他所涉及的"知识与能力、过程与方法、情感态度与价值观"这三维目标的实现途径都应当是"实践"。也就是说，"实践"不仅是目标，同时也是方法。在实践中学习，在学习中实践。这是学习语言文字运用的特点。那么，情感态度与价值观呢？同样也如此。在实践中体验，在体验中获得。因为语文的课程性质已经确定其教学性质。在学习知识的同时，更多的是通过实践获得积累、能力和体验。因此，构建小学语文阅读教学模式其中一个很重要的特征就是要突显语文学习的实践性。不仅要重视语言文字运用的实践性，还要重视情感、态度、价值观的正确导向。创设语文实践活动，培养学生高尚的道德情操和健康的审美情趣，形成正确的价值观和积极的人生态度，是语文教学的重要内容，不应把它们当成外在的、附加任务，应该注重熏陶感染，把这些内容贯穿于模式构建的教学过程之中。

上编　小学语文阅读课"三板一线"教学模式的理论构建

　　小学语文教学研究要"仰望星空，脚踏实地"。在抬头仰望理论高度的同时，不要忘了思考如何让这些理论落地生根。在埋头实地践行时，不要忘了从理论的高度来观照现实。回头看看我们留下的脚印，抬头望望我们还有远方。小学语文阅读课"三板一线"教学模式的理论构建主要放在了"如何教好语文阅读课"的研究上。对于"语文是什么？""语文应该教什么？"等高屋建瓴的理论，由于个人能力及学识的关系暂时无法涉及太深。"三板一线"教学模式的构建需要系统的理论支撑，其中较为迫切需要解决的是相关概念的定义，相关理论资源的筛选和使用，基础理论的阐述，设计理念的阐述……本编的理论阐述对正确理解和使用"三板一线"教学模式有深刻意义。

第一章 概念解读

第一节 关于阅读与阅读教学[①]

阅读是人类的一项古老的行为,自从有文字以来,人类就开始了阅读活动。阅读过程十分复杂,它几乎涉及了所有的心理活动,因此目前对于"阅读"的定义还没有较为一致的定论。在众多关于"阅读"的定义中,被普遍接受的是国际阅读研究协会维也纳研究机构主任、奥地利博士理查德·巴姆博尔杰的描述:"阅读首先是一种感觉活动,人们通过视觉器官认识语言符号,这些语言符号反映到大脑中转化为概念,许多概念又组合成较大的单位,成为完整的思想,然后发展成为更复杂的活动,联想、评价、想象等。"

一、关于阅读教学的概念目前有多种不同解读

其一,阅读教学就是学生、教师、文本之间的对话,阅读就是收集处理信息、认识世界、发展思维、获得审美体验的重要途径。通过阅读教学,使学生学会读书,学会理解。通过学生、教师、文本之间的对话,培

[①] 部分转引自倪文锦主编:《语文新课程教学法(小学)》,高等教育出版社2017年版,第76页

养学生收集处理信息、认识世界、发展思维、获得审美体验的能力，提高学生感受、理解、欣赏的能力，使学生具备终身学习的能力。阅读教学的重点就是培养学生具有感受、理解、欣赏和评价的能力。

其二，阅读教学就是老师教授学生学习阅读策略，学生自主阅读文本的一门课程。

其三，阅读教学就是现行小学语文课程当中"阅读课"的别称。是以阅读活动为主要途径和手段，同时教授语文课程任务的有目的、有组织、有计划的教学活动，它是语文教育中最主要的内容之一，在小学语文教育中处于重要地位。

（注：本书所提及的所有"阅读教学"的概念均采用第三种解读。）

阅读与阅读教学是两个紧密联系但又有差别的不同概念，它们不能相互替代，也不可混为一谈。

二、阅读与阅读教学的联系

阅读与阅读教学的联系，首先表现在凭借的中介——书面信息材料是一致的。无论是阅读，还是阅读教学，都离不开书面语言符号。阅读与阅读教学的联系还表现在它们均需以书面信息材料的理解为前提。没有理解，不能构成真正意义上的阅读；没有理解，不能实现阅读教学的各项功能。

三、阅读与阅读教学的区别

由于阅读教学的基本手段是阅读，所以有不少一线老师自觉或不自觉地混用了阅读与阅读教学这两个不同的概念，事实上，"阅读"与"阅读教学"有着显著的不同。

1. 主要目的不同

阅读的主要目的是搜集处理信息、认识世界、发展思维、获得审美体验。而阅读教学的主要目的是掌握阅读方法，促进阅读行为的变化。同时，阅读教学还担负着学习语文的其他内容。不少一线老师混淆了"阅读"和"阅读教学"这两个不同概念，将"读懂课文"视为阅读教学的主要目的，将阅读教学降到了阅读的层面，造成了读 100 篇课文只是读懂了 100 个故事（内容），而阅读行为和语文能力变化甚少。

2. 对话主体不同

"阅读"是读者与作者的对话过程。阅读作为一种对话活动，不是作者单方面向读者灌输而读者只能被动吸收的过程，而是读者和作者双向的相互作用、相互沟通、相互理解、共同建构的过程。而"阅读教学"是读者、文本、教师三者的对话过程。在阅读教学中，教师利用文本的语文教学价值，展开老师与文本对话、学生与文本对话、师生又围绕着文本展开对话，形成了丰富而多维的对话场。阅读主体的学生虽然充满活力、具有潜力，但因学识、经验不够丰厚，理解力还在发展中，所以教师自然而然就充当了"学习活动的组织者和引导者"的角色。而此时，教师本身的素养，直接影响到学生对文本的理解和感悟，因此"阅读教学对话"对教师提出了较高的要求。

第二节 关于阅读课

我们平时所说的"阅读课"与"阅读指导课""课外阅读课"以及"读书课"有着本质的区别。《课标》中将中小学语文教学分为五大板块：识字与写字教学、阅读教学、写作教学、口语交际教学、综合性学习活动。按照目前我国小学语文现行的"阅读课"的说法，阅读课对应的教学任务就是"阅读教学"。也就是说，阅读课是语文课中专门教授语文阅读的课程。这是狭义的理解，显然与一线的实际情况是有差异的，所以目前对于"阅读课"还存在另外一种理解。我们认为**阅读课是一门以阅读活动为主要途径和手段，同时完成语文教学多维任务，实现多重功能的课程**。这是目前中国小学语文界阅读课真实存在的状况。那么，如何理解"阅读课"的多维任务呢？请看图4。

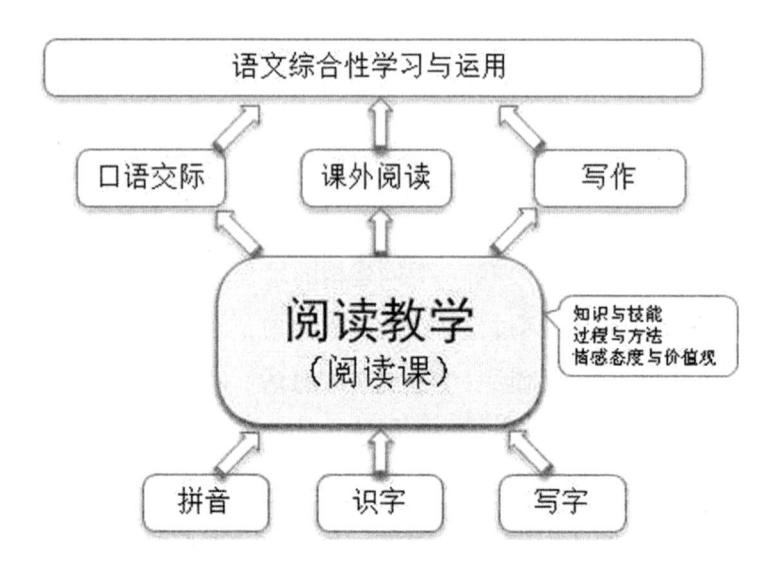

图4 阅读课的多维任务

图4体现的就是我国小学语文阅读课现行存在的实际情况。它担当着下承拼音、识字、写字的语文基础性教学任务，上启口语交际、课外阅读、写作、综合性学习和运用的生成性教学任务。中间还要承载阅读教学、学习兴趣习惯、情感熏陶、朗读等多重功能。从某种意义上讲，语文阅读课已经承担了语文教学80%以上的教学任务。造成这种现象是具有历史原因的，具体阐述请回看前文。

第三节 关于"三板一线"教学模式

笔者自2008年以来一直致力于小学语文阅读课"三板一线"教学模式的实验与研究，从理论的建立，模式体系的形成到实践验证，已有10个年头。我们知道现阶段的中国小学语文阅读课程教学任务是多元指向的，这样才能实现学生语文素养的整体提升。但是具体落实到一节课上往往是聚焦于一个具体方向。也就是说，在关注语文学科目标的多元指向下，一节阅读课应当是有明确指向和聚焦点的。"三板一线"模式首先是把一节完整的自然课时间分为"课前预习—课时学习—课后复习"三个"大板块"。

其次，针对"课时学习"这一大板块，在综合考虑语文课程标准及中国语文教学实际情况下，通过解读教材，把课时学习目标划分为"基础性目标"和"聚焦性目标"。结合课文将这些目标有机整合到积累语言、理解旨意、运用拓展这三板块当中，其中"基础性目标"，多指向"积累"和"理解"板块。"聚焦性目标"为教学重点贯穿始终，多指向"运用"板块。我们把"积累语言""理解旨意""运用拓展"，简称之为"中三板"。

同时，每个中板块当中，依据教学与认知规律分别把教学程序又细化了三个步骤，简称为"小三板"。

在注重板块教学的同时，将"聚焦性目标"作为教学重点贯穿全课，采用前后呼应的形式分别在不同的板块当中有所体现，像一条线一样把课堂教学串联成一个整体。简称为"一线"。形成了目标清晰，板块分明，主线连贯的教学特点。如图5所示。

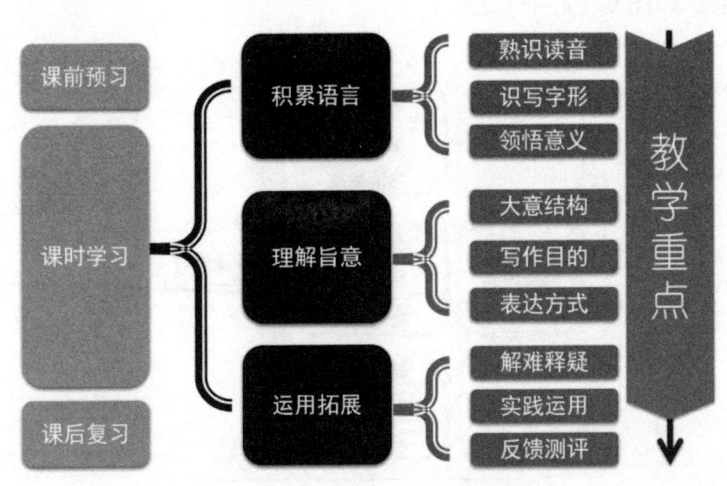

图5 "三板一线"教学模式

这只是形式上对"三板一线"的外部特点进行解读，其具体内涵留待后面详细阐述。

第四节　关于"标准课时"与"完整课时"

我们平常接触的"课时"是指连续教学的时间单位，一课时就是一堂课所占用的时间。按照惯例，在小学一课时为40分钟，中学一课时为45~50分钟。社会组织中（培训机构）每课时为一至两小时。在这里我们把平时一节课的时间称之为"标准课时"，也就是语文老师平时所说的"第一课时""第二课时"所用的时间。

"三板一线"模式下的教学时间除了我们平常所说的"标准课时"外，还需要构建一个比"标准课时"更为宽泛的课时概念，以此来形容完成一项完整的语文阅读教学任务所用的全部时间。我们称之为"完整课时"。一节"完整课时"有时只需要一节"标准课时"就可以完成，有时则需要2~3节"标准课时"才能完成。"标准课时"与"完整课时"之间的关系，如图6（a-c）所示。

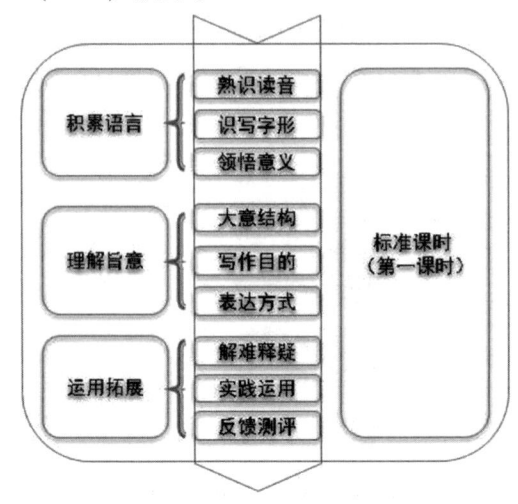

图6　a. "三板一线"完整课时（1节标准课时完成）

30

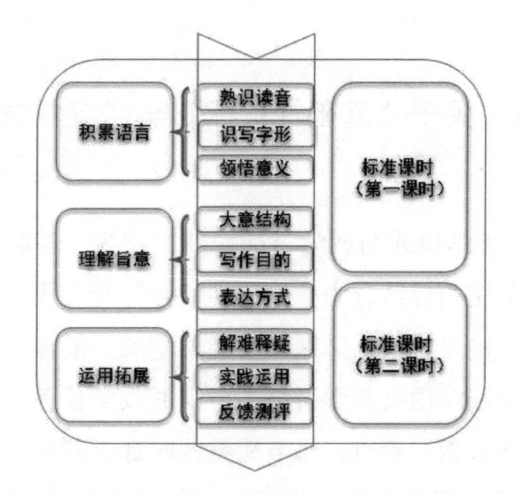

图6 b. "三板一线"完整课时（2节标准课时完成）

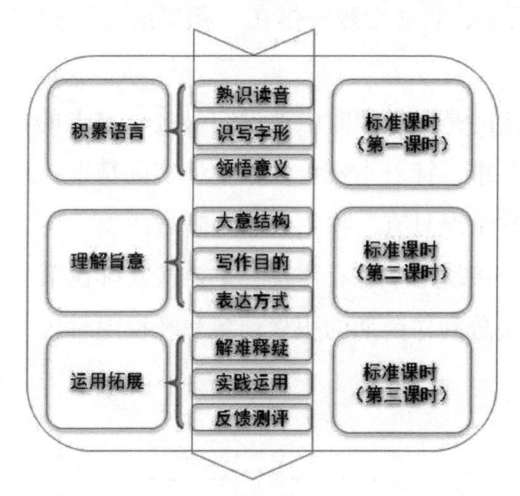

图6 c. "三板一线"完整课时（3节标准课时完成）

从上图我们可知道，"三板一线"教学模式所说的"完整课时"实际上是指完成一项完整的教学任务所用的全部"标准课时"的时间，它可能只需要一节"标准课时"，也可能需要若干节"标准课时"来完成。具体要视教学内容的设计及学生学习的具体情况而定。

第五节　关于"基础性目标"与"聚焦性目标"

"三板一线"教学模式与教学目标按照"积累—理解—运用"不同功能将完整课时的教学目标区分为"基础性目标"和"聚焦性目标"。

基础性目标指的是构成语文课程功能最基础、最常见、最必要的教学目标，这些目标是小学语文教学所必不可少的教学任务。通常情况下，基础性目标是按照年段教学特点，每节完整课时都必须提及的。比如：识写生字词、课文大意的理解、朗读训练、概括表达等常用的教学任务。在"三板一线"模式中，它通常被安排在"积累语言"和"理解旨意"两个板块中完成。

聚焦性目标指的是完整课时中被设定为教学重点的目标。它是教师结合语文课程标准要求，针对本班大多数学生实际情况，确定的当下课时的焦点性目标。通常情况只有一项，最多不超过两项。在"三板一线"教学模式中，它在三个板块当中都有体现，主要被安排在第三"运用拓展"板块，其他两个板块分别作前期的积累预备和教授理解。

第二章　理论资源[1]

小学语文阅读课"三板一线"教学模式的创建不是天马行空，也不是缘木求鱼。它的产生源自于中国小学语文教学历史流传下来的精髓，也有近代小学语文教师呕心沥血的教学成果。我们只不过是站在前人的肩膀上进行整理、总结和升华。在"三板一线"构建过程中，我们惊奇地发现在某一问题的研究上，已有前辈们为此做出了非常专业的研究。他们的研究成果对"三板一线"教学模式的构建有着十分重要的参考价值。这些成果是"三板一线"教学模式理论构建非常重要的资源库，从中我们可寻找到一些有力的理论支撑。

第一节　丁有宽老师的读写结合教学模式[2]

读写结合符合六条基本理论，丁有宽老师把它渗透和运用到读写结合的教材教法和学法中去。

---

[1] 部分资料引自：孙春成编著《小学语文课堂创新教学模式》，中山大学出版社，2003年。

[2] 参见：柳斌主编：《中国著名特级教师教学思想录小学语文卷》，江苏教育出版社，1997年版，第24—28页

一、读写结合符合迁移原理

1. 句与句的读写转化

这是一种由读到写的横向对应的转化训练。如图 7 所示。

图 7 句与句的读写转化

2. 由句到文的扩展

第一步：（读→写）四素俱全的句子。

第二步：（读→写）四素俱全的一段话。

第三步：（读→写）四素俱全的文章开头。

第四步：（读→写）四素俱全的文章。

第五步：（读→写）六素（时、地、人、事情的起因、经过、结果）俱全的文章。

这是由句到文纵向对应的训练。

二、读写结合符合系统科学

丁老师着重探索读写结合的整体与局部、局部与局部以及系统本身与环境之间的相互存在，相互影响与作用，设计出五、六年制小学语文读写结合系统训练规划，使教材体现了全局观和重点观的高度统一，使训练达到了计划化、序列化、规格化、可操作性和可检测性的科学要求。

三、读写结合符合阅读心理过程

四、读写结合符合儿童心理特点

1. 模仿性

根据儿童这一心理特点，丁老师的教材教法把阅读与作文紧密地结合起来，并提供适当的范文，因为范文可以形象地告诉学生，某一篇作文该写什么和怎么写。对他们来说，这比任何解说都来得清楚。

2. 发表欲

儿童借助于大量写片段的形式，及时运用阅读所获得的知识来进行写作，正是满足儿童这一心理需要。

3. 习作心理障碍

丁老师的读写结合，采取边读边写，学用结合的做法，通过模仿而实现写作知识的最直接的迁移，使儿童的写作水平在短时间内获得较大的提高，从而提高写作的兴趣，激发写作的动机，调动写作的积极性，消除害怕的心理障碍。

五、读写结合符合认识论

读写能力只能在相应的实践活动中才能得到培养、发展、表现和检验。读写结合坚持三个为主（学生为主体、教师为主导、训练为主线）的教学原则和采用"华中求实，突出重点，精讲多练"的方法。实践证明，只有在大量的读写活动中，才能实现由知识向能力转化，读写也才能真正结合。

六、读写结合符合工程学中的"时动"原理

工程学中的"时动"原理研究的目标是使工程更加高效，研究的问题是动作与时间的相互关系。如果时间和动作成为正比，那么就能省时高效；如果时间和动作成为反比，那么事倍功半，甚至起到反作用。根据"时动"原理，教材改变过去课堂提问题"一问一答"的单一模式，变为多种提问题的方式。比如：以往高年级阅读课课堂一般提问是：①阅读了课文，你知道课文内容写什么？②课文按什么顺序写？③课文可分几段？④各段的段意是什么？⑤哪一段是重点段？这五个问题都是采用一题一问一答的模式，这么操作起来既费时又不利于逻辑思维的培养。丁老师在教材习题设计中，根据不同年级学生的知识水平、训练的要求和新旧知识的联系，运用"时动"原理进行这么安排：低年级的提问，一般是"一题一问一次答"或"一题两问两次答"；中年级的提问，一般是"一题两问一次答"或"一题三问三次答"；高年级的提问，一般是"一题多问，一次答"。教师在导练的过程中要注意适时、适度。经过多轮在不同年龄、不同年级、不同水平，较大面积的实验班实验的验证，达到省时、高效这个目的。

理论点醒：

1. 阅读课读写结合模式中"迁移"理论与"三板一线"教学中"理解→运用"的迁移理念不谋而合。不同的是，"三板一线"教学所迁移的对象不仅仅只是语文基础知识，而是包含语文基础技能、学习方法、思维方式、情感态度等语文课程的多重功能。具体要确定"主线"是什么。

2. 阅读课读写结合模式中提及的"时动"原理，在"三板一线"年段目标设定时也有所体现。

第二节 靳家彦老师的四步导读教学模式[①]

一、指导思想

靳家彦老师认为，为突破传统的阅读教学方法"串讲法""谈话法""讲读法"的局限性，提高阅读教学效率，最科学的方法是"四步式导读法"。指在阅读教学中，教师致力于"导"，学生循"导"学"读"，以学生的阅读实践的扎实有序的训练为培养良好阅读习惯和发展阅读能力的着眼点。

---

① 参见：柳斌主编：《中国著名特级教师教学思想录小学语文卷》，江苏教育出版社，1997年版，第601—614页

靳家彦老师构建其"导读"体系的指导思想有四条：①语思统一。即把语言训练与思维训练统一起来，在发展儿童语言的同时，发展其认识能力与思维品质。②口书并重。即在教学过程中，注意使儿童的口头言语能力（听与说）和书面言语能力（读与写）协调发展；书面言语能力的发展必须以口语能力的发展为基础。③内外相通。即注意课内教学与课外活动的沟通。语文教育应当包括三个渠道：一是课堂教学，这是主渠道；二是课外活动，包括课外阅读、兴趣小组和其他活动；三是语文生活，包括学生在生活中所接触到的一切语文环境。导读中应当沟通这三个渠道，努力提高学生的听、说、读、写能力，并促进其他学科的学习。④以读为本。即把学生读书作为阅读教学的主要活动形式，让学生通过朗读、默读、背诵、复述等方式让学生把书读好，并鼓励学生在读书中大胆质疑，相互探讨。

二、结构程序

靳家彦老师认为，常见的阅读教学过程应当包括引导预习、指导细读、指导议读、辅导练习四个步骤，每个步骤有其特定的内容。请参见图8。

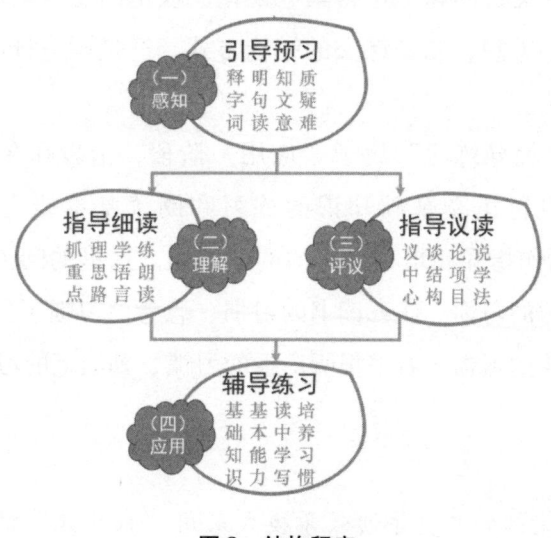

```
                    ┌──────────────┐
                    │  引导预习     │
                    │ (一) 释明知质  │
                    │  感知 字句文疑 │
                    │      词读意难  │
                    └──────┬───────┘
                           │
          ┌────────────────┴────────────────┐
          │                                  │
  ┌───────▼──────┐                  ┌───────▼──────┐
  │  指导细读     │                  │  指导议读     │
  │ 抓理学练 (二) │                  │ (三) 议谈论说 │
  │ 重思语朗 理解 │                  │ 评议 中结项学 │
  │ 点路言读     │                  │      心构目法 │
  └───────┬──────┘                  └───────┬──────┘
          │                                  │
          └────────────────┬────────────────┘
                           │
                    ┌──────▼───────┐
                    │  辅导练习     │
                    │ 基基读培 (四) │
                    │ 础本中养 应用 │
                    │ 知能学       │
                    │ 识力写惯     │
                    └──────────────┘
```

图8　结构程序

以上四个步骤构成了一个完整的导读体系的常见模型。

第一步，"引导预习"属于"感知"阶段，其活动可在课上进行，也可在课前进行。预习时要求学生完成三项任务：一是找出不懂的生字新词，通过查字典（也可请教别人），结合上下文，初步了解其意义，把课文读下来，使自己对课文有个大概的了解；二是能大体划分段落，对作者的写作目的、意图和思路有所领会；三是结合老师的要求和课后练习题的重点内容，看看自己还有哪些地方不理解。

第二步，"指导细读"属于"理解"阶段，教师引导学生在通读全文基础上，展开精细阅读，目的是通过对重点词、句、段的品味，厘清作者的思路，分清段落层次，掌握文章内容，解决阅读中的疑难问题。"指导细读"包括四个小步子：①通读全文，把握思路；②逐段品味，披文入情；③相机进行语言训练；④认真指导学生朗读。

第三步，"指导议读"属于"评议"阶段，指在读书过程中给学生创造充分发表自己意见的机会，做到有读，有议，有问，有答，有反驳，有争辩。在"议读"中，教师要引导学生抓住教材的重点、难点、特点和学习中的疑点，在关键问题上进行集中议论。议论的主要内容有四个方面：一是课文的中心思想，二是课文的结构方式，三是读写训练的重点项目，四是阅读的方法。

第四步，"辅导练习"属于"应用"阶段，指教师在"读"的基础上，引导学生进行语文基础知识的练习和阅读基本能力的训练，要在"读"中进行写作指导和培养良好的阅读习惯。这里的阅读习惯，包括预习的习惯、复习的习惯、认真读书的习惯、思考的习惯、独立完成作业的习惯、检查作业的习惯、看书报听广播的习惯、勤动笔的习惯等。

理论点醒：

1. 靳家彦老师的四步导读教学模式采用"板块式"的组合形式，与"三板一线"教学一脉相承。与之不同的是第一板块的功能是"感知"。

对于高年级和初中生来讲，第一板块这样设计也许可行，但对于学习语文基础为主的小学生来说，这样的设计明显不适合普遍现象。因此，"三板一线"将第一板块的主要功能定位为"积累"。第二板块"理解"与第三板块"评议"，该模式采用了机动选择的方式（即可"理解"，也可"评议"，或者两者兼备）。而"三板一线"则固定为"理解"。一来是考虑到作为模式，往往具有稳定性，容易模仿，备课方便。二来是因为评议的最终目的还是为了"理解"或者是生成性的"理解"。

2. 该模式在"评议"阶段中谈及四个方面：一是课文的中心思想，二是课文的结构方式，三是读写训练的重点项目，四是阅读的方法。这四方面在"三板一线"教学中通过"文本感知"原理处理成了"大意结构""写作目的""表达方式"三个小板块，使之分别指向文本"写了什么？""为什么写？""如何写的？"这"三问"，在理论层面给予精简和规范。

第三节 王志尚老师的"线形"教学模式[①]

一、理论基础

"线形"教学模式的核心是在课堂阅读教学中建立起一条"思维主线"。

现代教学论重视了教学过程中教、学双方"以谁为主"的研究，明确地提出应当将立足点、出发点和归宿点转到学的方面来，形成"教学结合、以学为主、为学服务"的理论观点。把教学看成是在教师主导下，由学生积极自觉地参与并实现主体作用的协同活动。

1. 教学思路单方面的主导作用

[①] 参见：王志尚、刘恩德著，《小学语文"线形"教学模式研究》，山东教育出版社，1997年

教学思路的产生首先是对教材的深透研读，根据《大纲》中的有关要求，结合单元的读写训练重点项目，确定出讲解的重点、难点和疑点；然后，由教到学进行换位思考，联系到学生的实际理解水平和接受能力，选择确定教学方法；最后，回到课堂教学的实际情境中，综合以上两方面的思考，拟定教学思路。

教学思路的主导作用：①约束教学步骤中的随意性和盲目性。②引导学生的阅读学习活动。③充分发掘教材的教育作用。

从教学思路的产生和作用看，教师的思维活动是单方面的，它是构成课堂思维主线的一部分。

2. 学习思路单方面的顺从作用

剖析课堂教学过程的实际，学生的思维活动是最活跃的因素。因为课文作者的思维活动，已为书面言语的表现形式固定下来；教师的思维活动，虽然可张可弛，可伸可缩，但是终归仍是备课中思维活动的再现，也带有了相应的固定成分。学生的学习思路，是在两者之间产生，并于动态教学过程中形成，所以不仅具有情境性，还具有单方面的顺从作用，即受教学思路的影响，学生思维要顺从教师的指导，同时也受作者思路的影响，学生的思维要追随作者的牵引。

3. 作者思路单方面的固有作用

作者的思路也是供师生共同研读探讨的例子。作者的思路是一个连贯的、有条理的思维活动的过程，它对教与学的思维活动都给予指导，这种指导的特点仅限于书面言语形式。作者思路的书面言语形式和固有的被动性，也决定了它应是课堂思维活动中的参与者。

4. 课堂思维主线的构成是三种思维的"聚变"

人类思维特性表明：不同人思维的方式具有一致性。不同人的思维过程具有可融合性；不同人思维的结果具有互补性。在课堂教学这一特定情境中集合了作者的思维（书面言语形式）、教师的思维和学生的思维；还集合了思维方式的一致性、思维过程的可融合性、思维结果的互补性。课堂教学是一个有序的、综合的思维活动流程，它要求必须有一个"主导者"（或教师，或学生，或其他，由此可以拟定出各类课堂结构，各类教学模式）。"线形"教学模式在对课堂教学中客观存在的各要素及其各种关系的综合思考———一种受"聚变反应"理论影响的深度思考之后，以优化为目的，将"主导者"确定为"课堂思维主线"。这条主线的基本式即"铺线—理线—循线—悟线"，结合到每篇课文的阅读活动中便是"导入铺线—初读理线—细读循线—深读悟线"。它是在课堂阅读教学中师生共同把握运用的思维模式。

二、结构程序

"线形"教学模式的基本式

1. 基本式结构（如图9所示）

导入铺线 → 初读理线 → 细读循线 → 深读悟线

图9 基本式结构

2. 一般操作程序

就一篇阅读课文的教学过程而言，"线形"教学模式基本式的实施可分以下几步操作。

（1）导入铺线。

操作目标：开始铺下学习本课过程中师生共同遵循的思维主线。

操作顺序：板书课题→简要谈话→选准切入点铺线。

（2）初读理线。

操作目标：在指导学生初读课文后，厘清学习本课过程中师生共同把握的思维主线。

操作顺序：

①必要提示。教师发挥课堂上的主导作用，以出示思考题或利用其他灵活的形式，指导学生定向思考，为接触"线"作提示。

②初读全文。或由学生逐段接读，或由教师范读，或让学生默读，不管采用哪种读的形式，都必须要求学生带着问题读书。

③集思广益。给学生发表自己见解的机会，议论读书的结果。在此基础上，统一见解，以较充足的理由肯定正确的，以恰当的方式鼓励不足的，最终结果是全班学生都明确"线"。

（3）细读循线。

操作目标：循线细读课文内容的各个部分，教师依线撒开，结合课文内容具体进行字、词、句、段、篇的语言文字训练，组织听、说、读、写的语文基本能力训练。

操作顺序：

①分清层次。将课文内容按照"线"中的逻辑关系分为几个层次，要以自然段为基础，把几个自然段合并在一起进行细谈。此时的划分层次要紧紧依靠"线"中的暗示。

②按层详析。详析要在横向理解上讲究不断拓展，由字、词、句的意思，到深入它们的含义；由了解语言文字描述的事物，到弄清事物之间的关系；由结合政治思想教育，到辩证唯物主义思想渗透。根据学生的实际理解水平和接受能力，要尽可能增加详析的包容量和训练的含金量。

③瞻前顾后，注意联系。由整体到部分，不是完全甩开课文的整体，而是立足篇的高度，去分析部分；在分析各部分时，既注意到该部分与前后部分的联系，又注意到保持与整篇的联系。

（4）深读悟线。

操作目标：指导学生再回读整篇课文，回顾学习思考的过程，使认识再提高一步，在写作形式上见仁见智。

操作顺序：

①提示回读。因为此次回读，重点已不在对课文内容的理解，而是转向对写作形式的认识，所以教师必须作恰当的转弯提示，以利学生明白接下去要做什么。

②回读全文，回顾学习过程。

③各抒己见。

理论点醒：

王志尚老师"线形"教学模式对于"三板一线"教学中"一线"的构建有一定价值。二者相同的是，两者在理论上都阐述了"一线"的核心作用，并体现出"主线突出"的特点；不同的是，该模式强调的是"思维主线"，强调教语文就是教思维的设计理念。而"三板一线"强调的并非仅是"思维主线"，而是在多维角度都提倡以"一线"为主。比如，从教学内容来说，教学重点是"一线"；从教学方法来说，阅读指导是"一线"；从教学规律来说，"学—教—评"一致性是"一线"；从课堂艺术来说，"核心—呼应"是"一线"；从思维角度来说，"低阶思维—高阶思维"是"一线"；从实现课程功能来说，"积累—理解—运用"是"一线"……

至于"一线"后文会有详细阐述，故不赘述。

第四节 张伟老师的"球形"阅读教学模式[①]

一、理论基础

"球形"阅读教学认为文章自身本是一个立体的"圆"（球形），其字、词、句、段都是围绕着一个主旨——文章的"圆心"（即"球心"）而存在的，进行"球形"阅读教学，就是要抓住文章的"圆心"（即"球心"），保持好这个"圆球"，体现文章的整体性。"球形"阅读教学也认

---

① 参见：张伟著：《小学语文"球形"阅读教学原理与应用》，山东教育出版社1998年版

为，文章与教学方法以及教师和学生之间，其关系也是一个"球"，采用何种方法，实行哪些训练，培养学生哪些能力，都应当视教学内容这一特定"球心"而定，都应当在"球形"的规范内进行。简言之，"球形"阅读教学就是研究"球心"和球体的关系的一种教学。

"球形"阅读教学有以下两个基本特征。

第一，研究对象的多维性。"球形"阅读教学将教材、教法和学生活动有机地揉到了一起，在"球心"和"球体"的规范下，各方面都得到了均衡、和谐的发展，而且各种发展都是可控的。

第二，研究范围的明确性。"球形"阅读教学就是研究阅读教学内涵和外延关系的一种教学。在球形之内的、能够紧紧环绕"球心"的，是这一教学的内涵，反之，"球"之外的则不属于教学范围。

"球形"学说成立的关键就是"球心"和"球体"关系的假设。全息理论很好地说明了这一问题。所谓全息是指构成整体的任何部分都包含着整体的全部信息，整体上的任何一个部分都具有整体的全部特征，是整体的成比例缩小，都重演着整体发展的全部历史。

二、结构程序

"球形"阅读教学的基本模式大致可以分为以下四步："确定'球心'""辐射全文""圆成'球体'"和"升华中心"。

1. 确定"球心"

确定"球心"是"球形"阅读教学的第一步，也是这一教学最重要的一步。强调一点，在阅读活动过程中，"球心"并不能完全等同于中心。实际情况是，"球心"有时与中心重合，它就是中心；更多的时候不与中心重合，与中心只是互为表里，只起思路定向作用。所谓确定"球心"，就是抓住文章思路的起始点，并由此向全文辐射，构成"辐射面"（换言之，也就是使全文对之产生向心力），最终与文章中心契合，揭示中心思想。可以这样说，所谓"球形"阅读教学，就是完成"球心"与中心契合的过程的教学。它由"球心"起始，至中心结束，回环往复，螺旋上升，最终完成教学任务。

2. 辐射全文

通过点对全文的辐射以期制造一个"面"——一个含有"球心"相同成分、因素的面，这从反向意义来讲，又叫作"环拱'球心'"。这一步要做的工作就是沟通点面，寻求文章各部分的共同点、一致点（这也同时为下一步教学"圆成'球体'"做好了准备）。做好由点到面的"辐射"，要诀是四个字"明搭""暗联"。

3. 圆成"球体"

有了第一步对"球心"的确定，教学犹如有了航标灯，有了可供努力的方向；有了第二步对全文的辐射，教学如同建立了辐射网，文章字、词、句、段有了归宿。但审视我们的教学，结构往往并没有形成一个"圆"，似乎给人这样一个感觉，文章这儿多了一块，那儿少了一点，段与段之间的逻辑关系也并不是那么紧密。为了解决这一问题，就要"圆成'球体'"。这一步中运用的方法就是"多退少补"和"变序更列"。

4. 升华中心

圆成"球体"的结果是文章全文"浑圆一体"，这也便意味着教材处理的完毕，意味着升华文章中心思想教学环节的到来。需要说明的一点是，之所以把挖文章的中心思想叫作"升华"而不是"揭示"或其他，原因就在于这是"球形"阅读教学。"球形"阅读教学的最大特点是依据"球心"展开教学，因而中心的揭示，只能是在"球心"基础上的升华，而不能另起炉灶。"球形"教学是一环式的、立体式的教学，它由"球心"这一思路的起始点起，环行一周，辐射全文，又至"球心"落脚点落，最终才能升华出中心思想。因此，特别重要的一点在于，在升华中心思想之前，必须有一个"回复'球心'"的环节，这样既便于综合全文，又利于升华中心思想。

理论点醒：

1. 张伟老师的"球形"阅读教学模式中提及的"球心"现象，"三板一线"教学中提炼成"核心问题"。不同的是，该模式中所说的"球心"是文章中心的关键词，或者是文章的原始点。教师与学生围绕着这个中心点展开文本研讨和学习。而"三板一线"中所用的"核心问题"是基于板块功能下展开的问题聚焦。每个板块都有不同的功能，基于此，"三板一线"结合文本与教学需要给对应的板块确定最核心的问题。这一"核心问题"能够牵动一连串问题群，解决这一"核心问题"实际上就等于解决了这一板块的教学任务。发挥了"牵一发而动全身"中"一发"的作用。

2. 该模式在确定教学内容时遵循了"删繁就简"的原则，在"球形"之外，不属于"球形"教学范围的内容，大胆删减。这点给予了"三板一线"在教学内容确定上一个有力的理论支持。不属于"基础性目标"，也不属于"聚焦性目标"的教学内容不教或者忽略地教。

第五节　薛法根老师的小学语文组块教学

一、指导思想

1999年薛法根老师提出了小学语文组块教学的构想，试图实现小学语文教学内容结构化、方法科学化、过程最优化，突破"高耗低效"，创造适合学生语言智能发展的语文智慧教学。借鉴相似理论、图式理论等，将"组块"这一心理学中的概念赋予新的内涵，倡导"简约"，追求"智慧"，提出了组块课堂教学的"简约之美"，从教学目标、内容、环节、媒介、评价等方面，体现返璞归真、大道至简的教学主张。

摒弃线性的环节设计，采用板块式设计。深入研读教材文本，提出用三种眼光看教材的思想：用儿童的眼光来解读、用教学的眼光来审视、用生活的眼光来选择。根据教材文本语言的三个层次（一是适合儿童现时交流的伙伴语言；二是适合儿童发展的目标语言；三是适合文学作品的精粹语言），发现文本中适合学生学习的语言要素，重组并整合成相应的语言学习内容板块。每个板块集中一个核心目标，设计多项教学活动，提高教学目标的达成度，从而提高教学效益。板块式备课使教学目标、教学内容与实际开展的教学活动实现了一致性。小学语文组块教学是建立在学习心理学原理上的一种教学策略，即以发展学生的语文运用能力为主线，将散乱的教学内容整合成有序的实践板块，促进学生言语智慧的充分生长。组块教学中，教师将引领学生围绕语文核心知识或生活情境，选择、重组语文学习内容，设计、整合语文学习活动，变革语文学习方式，促进学生语言智能的充分发展和语文素养的提升。

二、基本特点

（1）在内容上，基于教材，植根于生活，将鲜活的生活素材融入课文、引进课堂，及时充实、调整、重组教学内容，具有开放性。

（2）在结构上，突破线性思路，采取板块式的教学结构，凸现教学重点，拓宽教学时空，更具灵活性。

（3）在功效上，实现一个板块活动达成多个教学目标，减少无效劳动，具有增值性。

三、基本操作

组块教学从"教学内容、语文活动、课堂结构、课型分类"四个方面进行实践。

1. 重组教学内容

组块教学打破一本教材的局限，引领学生将语文学习与社会生活融合起来，从生活中选择适合的学习内容，形成动态、即时、开放三个教学内容板块：（1）以语文核心知识为"内核"的内容板块。（2）以学生语文能力为"内核"的内容板块。(3)以语文问题解决为"内核"的内容板块。

在阅读教学中，以现有语文教材为蓝本，唱好"三部曲"，组编切合学生学习的教学内容"板块"。一是"减"：运用减法思维，将每篇课文中值得教又值得学的"精华"筛选出来，作为教学内容的"内核"。这个内核可以是一个词、一句话、一个语段，也可以是一个技能点、一个情感点等。二是"联"：根据"内核"，将社会生活中与之相联并适合学生学习的内容选编进来，以相同的内容丰富"内核"；以相似的内容区分"内核"；以相反的内容凸现"内核"。以此拓宽学习领域、开阔学生视野。三是"整合"：围绕"内核"，将选编的相关内容有机组合，厘清序列，形成一个具有聚合功能的教学"板块"。

2. **整合实践活动**

根据小学生每个年龄阶段的主导活动，变革学生的学习方式，科学、合理地安排听、说、读、写的各项语文实践活动，并将零散的活动项目整合成综合的活动板块，构建三个层次的语文实践活动板块：(1)读写一体化活动板块序列。(2)探究性学习活动板块序列。(3)综合实践活动板块序列。

3. **优化教学结构**

组块教学以学定教，删繁就简，确立了读、悟、习的课堂教学基本结构。其灵魂是"联"，读、悟、习的语文学习过程是学生个体与教材语言、情感、形象、思想相互联系、相互融合，达到共振，进入新的学习境界的过程。因此，组块教学着力培养学生构建联系的能力和自觉联系的意识，以促进学生学会学习。

4. **构建基本课型**

组块教学的基本课型有：(1)诵读感悟型。(2)情境运用型。(3)研读探究型。(4)主题活动型。

理论点醒：

1. 薛法根老师的小学语文组块教学给"三板一线"教学模式的构建提供大量的理论支持。比如组块课堂教学的"简约之美"；比如教学目标、内容、环节、媒介、评价等方面，体现大道至简的教学主张；比如教学目标、教学内容与实际开展的教学活动要保持一致性；比如组块教学是学习心理学原理上的一种教学策略……

2. 不同的是，"三板一线"教学形式在采用板块式的同时，没有摒弃线性教学的连贯性。组块教学注重的是学生语言智能的发展，"三板一线"注重的是语文课程多重功能的实现。

第三章　理论基础

小学语文阅读课"三板一线"教学模式的核心是在小学语文阅读课教学中按照简约的艺术标准，利用"三板"原理，将教学内容安排在对应的序列化板块里，在实现语文课程多重功能的同时，聚焦一条有深度的学习主线。过程简约、操作规范、目标清晰、板块分明、主线连贯是其特征。在其理论构建过程中，始终传承"理论为实践服务"的宗旨。不忘初心，方得始终。我们学习并利用理论的目的不是为理论背书，而是为更好地解决小学语文教师在一线阅读教学中碰到的实际问题，并且提出科学有效的解决方案。因此，我们在构建"三板一线"教学模式时，是带着问题去寻找理论和解决方法的。在此过程中，我们发现目前大多数语文教学模式理论都只能解决部分或者小部分语文教学问题，又或者只能解决构建者当时历史背景下的语文问题。这就需要我们在借鉴、汲取上述理论资源的同时，要根据当下遇到的实际问题对相关资源进行筛选、整合、融会贯通。

"三板一线"在构建过程当中，遵循了从大到小，从粗到细，从方向到路径，从内容到形式的方法。构建是否合理可行，需要强有力的理论来支撑，为保证模式系统的完整性，我们理论的选择按照从最高到低的层次依次考虑。从哲学到科学，从规律到艺术。以下图10是小学语文阅读课"三板一线"教学模式理论的构建体系。

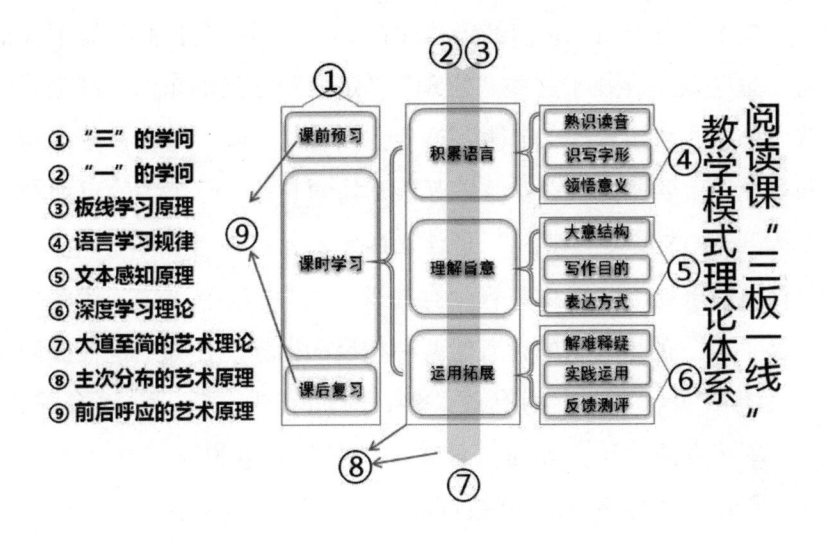

图 10　阅读课"三板一线"教学模式理论体系

第一节　"三"的学问

一、哲学中的"三"

古人言：道生一，一生二，二生三，三生万物。万物负阴而抱阳，冲气以为和。老子的这句话自古以来已被世人熟知，它的影响已深入每个中国人的血液，百姓日用而不知。此话阐述了"道"的产生、发展、变化与万事万物的联系。老子这里所说"道"的具体概念我们无法用语言来描绘清楚，但是我们能感觉到它的存在，而且这种存在是超越时空，超越物质，超越规律的；其大无外，其小无内；无时无刻，存在于任何事、物，甚至思维中。虽然老子也不知道"道"是什么，但是他把"道"的一些重要特征说了出来。世界未有任何物质之前已先存在"道"。比如说，后来人类陆续发现的许多物理、数学定理。这些定理、定律并没有因为人类发现了它们才会出现在这世界上。实际上，不管这世界是否存在，又或者它们是否被人类所感知，它们都仍然存在着。只不过是我们人类不知道而已。而"道"就是存在于这些"定理""定律"之后的东西。因为它的存在才造成了这些"定理""定律"产生。所以，"道"的存在是一切事物产生和存在的重要原因。它就像是万事万物的起源，每个事物里面都有它的"基因"，这些生长"基因"是什么呢？就是"一生二，二生三"了。一个符合道的事物"一"中，肯定存在着"二"。这个"二"代表着完整的、符合"道"的事物当中含有的两种相反的因素。比如，电极分阴、阳两极，人类有男、女，生物有雌、雄，时间有先、后，空间有前、后、上、下，事情有两面性，等等。而包含"二"的事物还仅是"道"的一个方面，"道"的另外很重要的特征是"二生三"。这个"三"就是能让"二"中的两股力量通过相生相克，产生运动，然后世间的万事万物才能生生不息，充满活力。总结一下"道"的几个特征。

（1）道存在于一切物质和非物质中。（道生一）

（2）任何事物都存在两种完全相反的力量。（一生二）

（3）这两种力量是互相运动的。（二生三）

（4）这种运动的结果能产生新事物。（三生万物）

既然"道"存在于一切已有事物，任何长久存在的事物都必须符合"道理"。那么，作为教育教学中的课堂活动，当然也要符合"道理"才具有推广和实践的生命力。而课堂是以时间为计量单位的，因此一种符合"道理"的教学模式，应该要让其时间安排具有符合"道"的特征。我们知道如果把一堂"完整课时"（包含课前、课时、课后）的阅读课视为"一"整体，那么，这其中就自然产生出一个"二"的矛盾体（完全相反的两种因素）：课前预习——课后复习。当然我们也知道仅有"二"是产生不了任何效应的，必须有"三"才能对这两种矛盾体产生相互作用和影响。所以，一个完整的、有生命的课程体系必须在"课前预习—课后复习"之间增加"课时学习"，使之形成完整的"三结构"，使之符合"道"的特征。那么，在"课时学习"当中，我们如何设计才能让其符合"道"

的"一生二，二生三，三生万物"的特征呢？于是，我们想到了"温故"和"知新"。只有在一堂完整课时学习当中包含"故"和"新"这两个完全相反的方向，这堂课才能初步具有可操作性。但仅具有"二"还不能产生持续动力，必须有个让两者产生互相变化的"三"的环节。即是在"温故"与"知新"之间加入一个"教授"的时间段。这样一来，一套具有完整生命力的教学系统"温故—教授—知新"就完成了。在"三板一线"模式移植过程中，根据小学语文阅读教学的特点对应成了"积累—理解—运用"。他们的理论对应关系如图11所示。

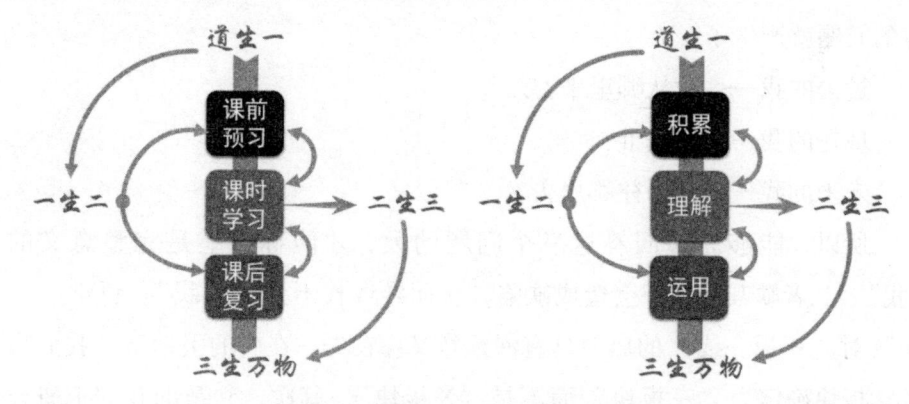

图11　"三板"与"道"的关系图

老子对"三"的阐述传播到欧洲后，对西方的哲学也产生了很大的影响作用。在黑格尔的辩证法中也集中体现了"三"的思想。他看到了"三"的奥秘，把它概括为"正—反—合"的三段论。黑格尔的这一结论也是对康德"三一式"的发展。康德在《纯粹理性批评》中讲：第一范畴是肯定的，第二个范畴是第一个范畴的否定，第三个范畴是前两者的综合。黑格尔还认为，毕达哥拉斯学派在指出数是万物的始基时强调了三元：一元通过二元向前进展和统一中，与这个不确定的多数相结合，就成为三元，并且一切的一切都由三元决定。因为全体的数都有终点、中点和起点。这个数就是三元。（具体不详细展开）

目前公认的哲学终极三问是——"我是谁""我从哪里来""我要往哪里去"。这些问题历来都是人类思考的问题。人类对于这三个问题的探索，甚至说是与生俱来的。许多刚学会说话的小孩，问得最多的也是"我从哪里来？"。我们好奇的是，哲学终极"三问"为什么是"三问"，而不是"二问""四问"？通过对"道"的理解，我们发现了一些端倪。因为构成一个完整的事物必需，也只需"三种状态"就足够了。我们来看看，如果把一个完整意义上的"我"视为"一"，那么在一个相对完整的时空段当中，"我"就必须具有"二"的矛盾体（过去的我——未来的我）。同时，还必须要有第三种状态让前面两种产生沟通与互动。所以，必须还有一个"现在的我"。离开任何一种状态，"我"都不是"我"。于是，对应的问题就产生了。

过去的我——我从哪里来？

现在的我——我是谁？

未来的我——我要往哪里去？

所以，能够完整回答这三个问题的人，才能称得上是完整意义的"我"。三者缺其一，都会造成缺陷，从而导致找不到"自我"。哲学"三问"对"三板一线"的启迪具有深远意义。首先，在它的引领下，我们将教学板块确定为"三板块"而不是"N 板块"。其次，它帮助我们把研究主角放到一条"时间线"，一个完整的聚焦性目标上。再次，它从哲学的角度帮助我们确定大、中、小板块不同的功能和教学程序。当我们用"一线"把"三板"串联起来的时候，才能构成一个具有完整意义的、有生命力的课堂。因符合"道"的规律，所以，它甚至可以应用到比较细微的教学设计中。

比如，"三板一线"中"运用拓展"板块的设计。其哲学"三问"对应的设计原理如图 12 所示。

上编 小学语文阅读课"三板一线"教学模式的理论构建

```
运用拓展 ┬ 解难释疑 "我"从哪里来?(为什么,是什么)
        ├ 实践运用 "我"是谁?      (如何操作)
        └ 反馈测评 "我"要去哪里?  (做得怎么样)
```

图 12　运用拓展板块设计

在"三板一线"教学中,"运用拓展"板块的主要功能是运用、检测、分享或者实践。当这一板块作为"我"存在的时候,必须为其构建另外的两个重要因素。因而,在运用之前需要一个"解难释疑"环节对其所要运用的内容进行解读,即要解决"为什么?是什么?"的问题。第二环节"实践运用"担任的是具体的实施,它要解决的是"如何操作"的问题。第三环节"反馈测评"是检测刚才练习结果达到了什么程度,解决"做得怎么样"的问题。

又比如,当我们确定聚焦的目标为"动情朗诵《雷锋叔叔,你在哪里?》(人教版二年级下册)"时,它在"三板一线"模式中会作为"一线"贯穿始终。其哲学"三问"对应的设计原理如图 13 所示。

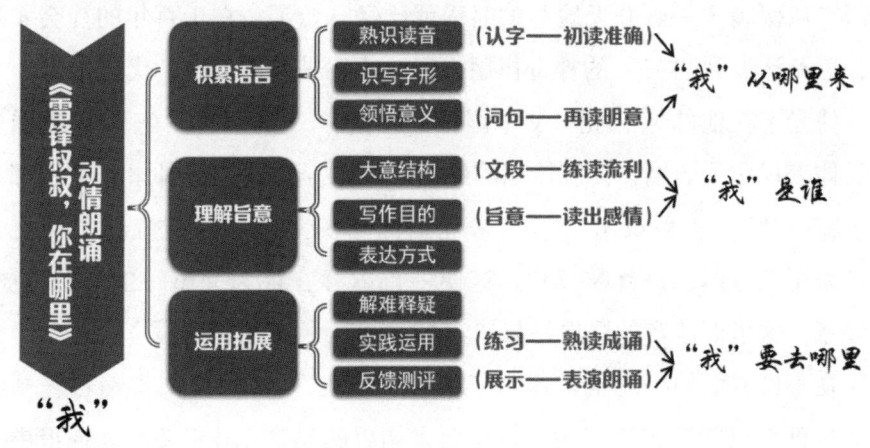

```
《雷锋叔叔,你在哪里》动情朗诵"我"
  ├ 积累语言 ┬ 熟识读音 (认字——初读准确)┐
  │        ├ 识写字形                    ├→ "我"从哪里来
  │        └ 领悟意义 (词句——再读明意)┘
  ├ 理解旨意 ┬ 大意结构 (文段——练读流利)┐
  │        ├ 写作目的 (旨意——读出感情)├→ "我"是谁
  │        └ 表达方式                    ┘
  └ 运用拓展 ┬ 解难释疑                    ┐
            ├ 实践运用 (练习——熟读成诵)├→ "我"要去哪里
            └ 反馈测评 (展示——表演朗诵)┘
```

图 13　哲学"三问"设计原理应用

综上所述,哲学中的"三"是非常神秘、重要而稳定的数。关于

55

"三"的哲学理论其实是"三板一线"从宏观到微观的指导思想。

二、文艺中的"三"

"三"及"第三"在各民族的艺术中是普遍运用的。如在神话传说里保安族的《三邻舍》，写的是黄河边上住着三户人家。三家合力对抗魔鬼的洪水、疾病，但在第三次时魔鬼使用"嗤叫子"使三兄弟闹起分离，惨遭迫害。最后还是三弟觉醒，及时改变了他们的命运。

侗族的《谷种的来源》更为突出。讲神狗游了三天三夜渡过海，到了稻谷地里滚了三圈，再凫了三天三夜的水回来，但只在尾巴尖上剩下三粒谷种。第一年只收获了三穗，而到第三年就获得了大丰收。在这些神话里我们不难看出古人在有意识运用"三"及"第三"。

人们也习惯地认为"三"是中国人心目中最重要的数。由最初的神灵符号演化为祥瑞符号，终至广泛地进入中国人的日常生活。它在我们中国人心目中是极其具有魅力的灵性符号。这种灵性最初是通过中国古代智人上观天文，下察地理，中视人情累积起来的智慧结晶。中国古人对"数"的研究从伏羲"一画开天地"的时候就已经开始了。在千百年的社会实践中，逐渐认识到"三"的神奇作用，因此才编进神话故事，代代相传。

傅光宇在他的《三元——中国神话结构》一文中对"三"在歌谣中的具体表现作了归纳：传统传唱的民谣歌中，经常只讲三件事，主旨都是为了突出"一"；喜欢用"三"来概括称呼一些著名的传统长歌使之突出；采用三行体，每首歌三句，这使一首歌存在最为完整，也最易传播。请注意，这里面涉及的思想是与"三板一线"一脉相承的。

在小说方面的表现也常用"三"及"第三"来构思文章：名著《红楼梦》就是以刘姥姥"三次"进贾府来构思的。《三国演义》表现得更鲜明，坚毅在他的《三足鼎立与三分归———从〈三国演义〉看"三"的运用》根据论文中的统计，《三国演义》共使用"三"多达267处。《西游记》也体现了对"三"的运用。

"三"是具体有限的，但由于这个数字长期所积累的集体无意识，文化赋予了它直观无限的深刻内涵。运用到艺术中就形象地体现为艺术的整体美。所以，"三板一线"为什么把"三"作为其重要的构建数量，除符合"道理"之外，还考虑到了使用习惯与艺术美感。

三、数学中的"三"

中国广为流传的许多俗语，实际上劳动人民在长期社会实践中将深奥的哲理或者理论用通俗简短的话来表述。比如，关于"三"的许多俗语。"一而再，再而三""事不过三者，事莫大于三也"，这些都是人们常说的"事不过三"。《伊索寓言》中的"孩子与狼"的故事我们经常听说。可为什么人们就是在第三次的时候，才选择不相信他？这里面有古老哲学的智慧。这个故事中关于"三"的智慧后来有人用数学概率论中的贝叶斯公式建立数学模型，从理论上回答并说明了"事不过三"的本质规律。在《伊索寓言》中记事件 A 为"小孩说谎"，记事件 B 为"小孩可信"，不妨设村民对这个小孩的最初印象为：

$P(B) = 0.8$，$P(\overline{B}) = 0.2$

现在用贝叶斯公式来求这个小孩说谎后村民对小孩的可信度 $P(B|A)$，"可信（B）的小孩"说谎（A）的可能性为 $P(B|A)$，"不可信（$\overline{B}$）的小孩"说谎（A）的可能性为 $P(A|\overline{B})$。在此根据经验不妨设：$P(A|B) = 0.1$，$P(A|\overline{B}) = 0.5$。第一天村民上山打狼，发现狼没有来，由贝叶斯公式计算村民对小孩的可信程度为：

$$P(B|A) = \frac{P(B)P(A|B)}{P(B)P(A|B) + P(\overline{B})P(A|\overline{B})} = \frac{0.8 \times 0.1}{0.8 \times 0.1 + 0.2 \times 0.5} = 0.444$$ ①

这表明小孩第二次说谎后，村民对这个小孩的可信程度由 0.444 下降到了 0.138，如此低的可信度，村民听到小孩第三次呼叫"狼来了"时，当然不会上山打狼。因此，"事不过三"有时用来警告人不要同样的错误

---

① 数学模型构建人：长江师范学院数学与计算机学院，冉亮、冉艳平

一犯再犯，做事情要把握好度，不能超越一定的次数，否则它会向相反的方向发展。以上通过概率论中的贝叶斯公式对"事不过三"案例进行了分析和解释。同样，也可以用相同的方法分析和解释我国的古代白话章回小说中的"事不过三"，如孙悟空三打白骨精、鲁提辖三拳打死镇关西、诸葛亮三气周瑜等现象，唯其"三打""三气"，才使得故事情节起伏跌宕，引人入胜，不但满足读者的胃口，也符合事物发展的规律。

美国数学家 T·丹齐克研究认为：人和动物都是具有某种原始数觉，但人的这种数觉范围是极为有限的，很少能超过四。所以在人类文明诞生后的一个相当长的时期里"三"往往也就成了与原始数觉相应的极限数，并且因其极限性数位关系，历史上常被人们用表示"多"的意义。阐述数学中"三"的意义在于证明我们选择"三"这一重要指标是具有深厚的数学和文化支撑的。选择"三"是符合数学原理和人类使用习惯的。

第二节　"一"的学问

"三板一线"教学模式中，另外一个非常重要的数字就是"一"了。这个"一"包含着几层含义：代表"一个整体"，代表"一个核心"，代表"一致性"。

一、"一"的整体性

首先，说说"一"的整体性原理。我们常常所讲的整体性指的是一般系统理论的整体性原理。系统整体性原理指，系统是由若干要素组成的具有一定新功能的有机整体，各个作为系统子单元的要素一旦组成系统整体，就具有独立要素所不具有的性质和功能，形成了新的系统的质的规定性，从而表现出整体的性质和功能，不等于各个要素的性质和功能的简单加和。其理论来源于20世纪初兴起于德国的格式塔心理学。

对系统局部和整体关系的探索得到系统整体性原理，传统认识是整体等于部分之和，这是人们较为直观、带机械论特色的认识。人类科学发展到 20 世纪中叶，系统科学诞生，系统论揭示系统规律：整体不等于部分之和，即系统会出现整体性，出现要素不具有的新质，又称为涌现属性。对这一系统规律，人们早有猜察，但被认为是不可思议的悖论。"整体不等于部分之和"可能是"整体大于部分之和"，此为系统效应；或"整体小于部分之和"，此为负系统效应。其原因在于系统不是要素的简单堆集，而是要素之间有相互作用。这种作用的形式可称之为结构（结构，可视为稳定化的要素间关系）。系统的不同结构使系统产生不同的整体性与功能。

"三板一线"中"一"的系统整体性理论在多个地方都有所体现。比如，在确定教学目标时，"三板一线"关注的是语文课程整体系统下各年段、各方面逐一呈现结构的合理性，即在关照宏观课程系统的前提下，确定好当下课时的教学任务。其体系的整体性可从图 14 来观察。

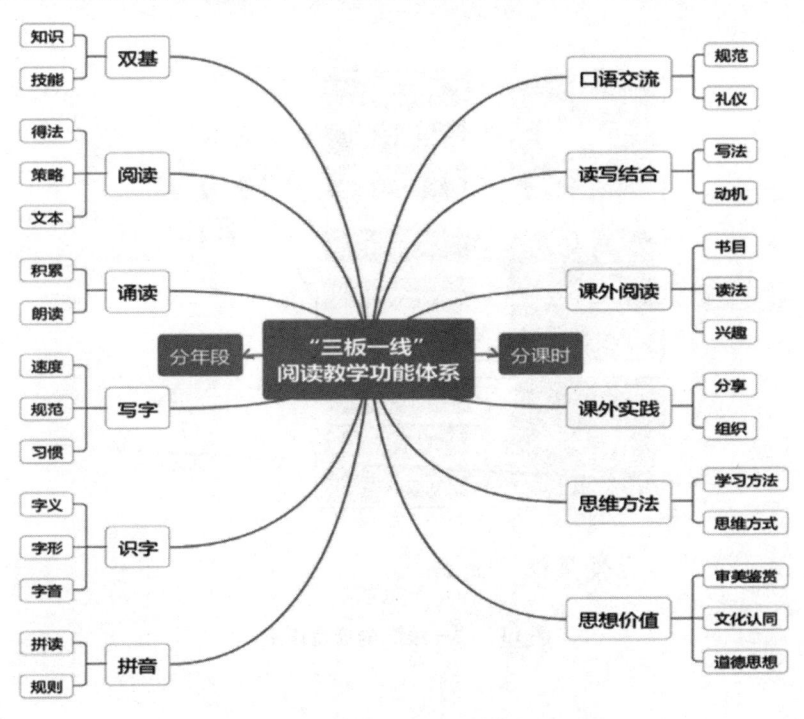

图 14 "三板一线"阅读教学功能体系

根据系统整体性原理我们得知，整体与部分的关系并不是简单的等于部分的总和，在部分组合成结构时如果不考虑整体性，就极有可能造成整体缺失，甚至削弱整体的功能。所以，我们在确定"三板一线"教学模式具体课时目标时，必须要从语文阅读课程教学任务的整体出发。梳理出不同年段、不同课时的具体教学任务。确定好整体课时任务的"基础性目标"和"聚焦性目标"。

"一"的整体性还体现在独立的"完整课时"结构上。"三板一线"教学模式不仅在外在形式上分成了"积累语言—理解旨意—运用拓展"三个板块，而且从功能上也给予了清晰的分工。这样的安排避免了各个板块之间功能的互相干扰，导致课堂效能降低的现象。一般情况下，三个板块的具体分工与指向是不同的，但是通过"一线"的连贯，同时又保证了课堂的整体性。

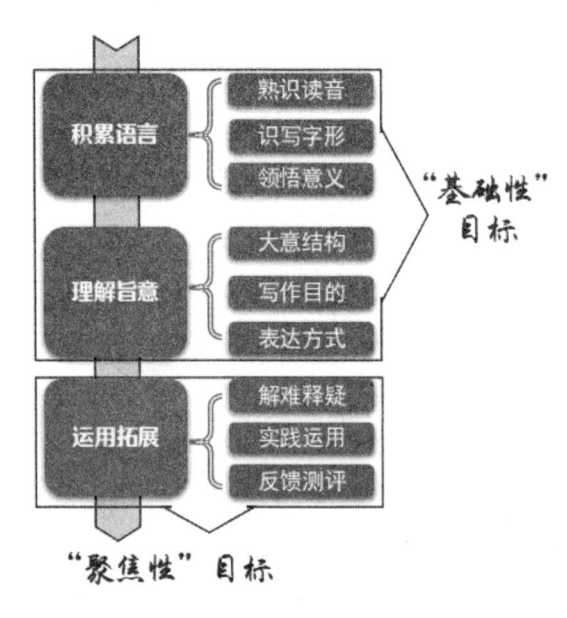

图15　"一线"的连贯作用

从图 15 可知，为保证语文阅读课程整体目标的有效推进，"三板一线"在构建单独"完整课时"的教学目标时，把课程的基础性目标主要安排在前两个板块，把聚焦性目标重点安排在第三板块，同时前两个板块分别作"积累预备"和"教授理解"的准备和呼应工作。根据"一"的整体性理论，做出这样的安排既保证了教学任务的整体性，又在内部板块之间形成了联动，减少了效能上的浪费，提高了课堂效率。

二、"一"的核心性

"一"在"三板一线"模式中表现出来的"核心性"，主要体现为"核心主线"和"核心问题"。其中"核心主线"指的就是我们常说的"一课一得"。无论是"核心主线"的"一课一得"，还是各板块的"核心问题"，其理论支持主要来源于心理学注意选择的认知理论。该理论认为，神经系统加工信息的容量是有限度的，信息进入神经系统时要先经过一个过滤机制，它只允许一部分信息通过并接受进一步的加工，其他的信息被阻止进入而消失。人的信息加工系统的容量是有限的，对外来信息必须经过过滤加以调节。越多信息的加入，会对所有信息造成干扰。信息刺激越复杂，占用的资源越多，当认知资源用完时，新的刺激就得不到加工了。所以，要想获得良好的注意分配，我们可以把认知资源分配到重要的刺激上。根据此理论，"三板一线"模式在构建过程当中选择了"核心主线"和"核心问题"两种形式。

"核心主线"又称为"一课一得"。最早是陶行知先生提出的启发式教育的基本要求之一。我们认为"一课一得"是一种在有限教学时间内，教师要保证学生对所教授的一个重点或难点内容有所获得的教学形式。这个"一得"在模式中体现形式为"一线"。除此"一得"外，并不排斥其他基础教学任务。这里面涉及"主与次""多与少"的问题。20 世纪 80 年代，上海陆继椿先生曾经提倡"一课一得"的教学方法，其实质就是使教学目标简明扼要，便于教学与学习。具体来说，"一课一得"中的"得"指的是每一节课课堂教学目标不可太多太泛，必须要有"一个核心教学目标"。教学目标要聚焦，围绕一点展开学习，这样学生才能"学"有所得。"一课一得"是每节课要有一个核心目标，让不同层次的学生都能有适合的、发展性的"一得"（收获）。最终通过一节节课的教学连点成线，让学生的学习能力实现螺旋上升，以全面提升学生的语文素养。

如果说"核心主线"是完整课时的"主心骨"，是整堂课的教学重点，那么"核心问题"就是板块局部的"重点"，由它来带领局部板块的教学推进。所谓的阅读教学中的"核心问题"，是相对于课堂教学中那些零碎的、肤浅的、学生活动时间短暂的应答式提问而言的。它是指在课文阅读教学过程中能起引导作用、支撑作用，能从整体参与性上引发学生思考、讨论、理解、品析、创造的重要的提问或问题。它在阅读教学能做到"牵一发而动全身"的艺术效果，实现语文课堂的高效。在阅读教学中设计"核心问题"，对带动整篇课文阅读的教学，对新课程下语文教学的改革，有着重要的价值。也就是说，核心问题主宰着整个或局部教学进程，留给学生足够的思维空间，往往能以问题引发思考，将学生思维引向更广阔的天地。"核心问题"也有些人称之为"主问题""主要问题"或者"深度问题"等。

在"三板一线"中"核心主线"与"核心问题"之间的关系是整体与局部、主体和衬托的关系。比如，人教版四年级下册《普罗米修斯》一课，当我们把"核心主线"设定为"品读神话人物"时，那么相对应各板块设定的"核心问题"就安排如下，如图16所示。

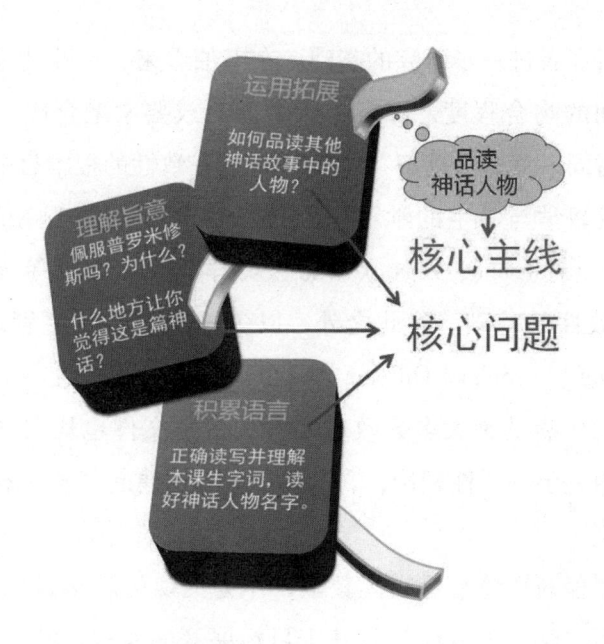

图 16　"核心主线"与"核心问题"之间的关系

三、"一"的一致性

"一"的学问还有"一致性"。最早提出"教学一致性"（InstructionalAlignment）概念的是美国的教育心理学家科恩（Cohen，S. A.）。他用"一致性"的概念来替代教学中的某些设计条件与预期的教学过程、教学结果之间的匹配程度。通过研究发现，如果教学目标与评价一致性越高，无论是普通学生，还是天才学生，都能取得好的成绩。据此科恩提出"美国学校教育的平庸，更多的归因于教师的教学目标、教学实践以及教师评价三者之间的不一致"。在科恩之后，美国的米切尔（Mithell，F. M.）以及博拉（Bhola，D. S.）等人也进行了类似的探究，其结果与科恩有很大的相似性。虽然，科恩等人提出了"教学一致性"的概念，但是他们并没有对"一致性"的内涵和外延做过多的阐述，而对"一致性"概念进行全面深入分析的要数美国著名教育评价专家韦伯（Webb，N. L.），并且就目前的研究状况来看，可以毫不夸张地说，韦伯关于一致性的界定已基本上成为其他研究者进一步研究的基础。在韦伯看来，一致性是指"两种或更多事物之间的吻合程度，即事物各个部分或要素融合成一个和谐的整体，并指向对同一概念的理解"。"实现这种一致性的根本目的是为了更好地指导教师的教学与学生的学习"。韦伯的这些论述被阿南达（Ananda, L. N.）、汉沙（Hansche, L. N.）P以及刘学智、张志江等人采纳，成为他们界定一致性的基础。除此之外，以美国州立学校主管理事会（The Council of Chief StateSchool Officers，CCSSO）的《州标准与评价系统：一致性指南》为代表的绝大多数政府及大型研究文件也均采纳了韦伯的定义。根据韦伯关于一致性理论，"三板一线"构建起"学—教—评"一致性的理论模型。

　　从语文课程的视角来看阅读教学，作为灵魂的教学目标，既是方向，又是归宿，而"学—教—评"是基于目标展开的实践。没有清晰的目标，就无所谓"学—教—评"的实践；没有清晰的目标，也就无所谓一致性。因为判断"学—教—评"是否一致的依据就是学习、教学与评价是否都围绕共同的目标展开。也正因如此，也有研究者把"学—教—评"一致性称作"目标—学—教—评"的一致性，这是对已有研究思想"教了，不等于学了；学了，不等于学会了"的进一步操作化阐述。也是对于"教—学—评"教学模式的重新定位。相对于传统"教—学—评"，"三板一线"中把"学"提前在了"教"的前面。这里面主要涉及学习中的另外一个理论——以学定教的阐述。对于课堂教学而言，"目标—学—教—评"一致性中的目标是指教师结合课程标准、教材、学生的实际情况，从而确定的本课教学目标。"学"是指学生利用已有知识和技能等储备，在教师指引下，先尝试着进行先行学习和讨论，带着问题进入第二个"教"的环节。"教"是指教师帮助学生实现目标的指导活动。"评"是指教师和学生对学生学习表现的评价，以监测学生的目标达成。同时，评也可以分享或者实践操作的形式出现。可见，"学—教—评"一致性包括在目标指引下的三种含义：一是"学—教"一致性；二是"教—评"一致性；三是"评

—学"一致性。在"三板一线"中，他们之间的关系是这样的。如图17所示。

"学—教—评"一致性模型

图17 "学—教—评"的关系

根据"学—教—评"一致性理论，"三板一线"的三板块分别承担着不同的功能。在"积累"板块，主要的功能是为学习新目标做好准备和知识储备。那么这一板块的相对属性就应该是以"自学"为主，充分体现出学生的主体作用，学生应该是这一板块的主角。因此，在实施过程当中更多的是让学生通过自学的形式来完成"积累语言"的教学任务。在"理解"板块，其主要功能是对学习目标和文本进行必要的讲解与理解，需要必要的传授过程。所以，这一板块的相对属性就应该是以老师的"教授"

为主，充分体现出老师的主导作用，教师应该是这一板块的主角。而在"运用"板块，其主要功能是"学以致用"，让学生的学和老师的教在此进行充分实践验证。因而，这一板块的相对属性应该是以"展示"为主，充分检测教学目标的实现程度。同时，在展示和检测中又对前面的"学"产生进一步的巩固和启发。

第三节　板线学习原理

"三板一线"教学模式采用的是一种"板线教学"方式。"板线教学"起源于"板块式教学"和"线性学习"的有机结合。"板块式教学"这一概念首先由特级教师余映潮提出，其含义指的是教师通过自身对教材的理解，将一节课或者课文的一个章节，从教学内容、方式和过程将其分解为富有各自特点的教学环节，又称之为"板块"。传统的教学模式大多采用"线性学习"，基本上是按照教材的设置，从第一小节开始直到最后一个小节逐个分析，最后再做总结。"线性学习"思维较为僵化，内容较为枯燥，教学内容只流于表面，没有寻找出语文教学中的内部逻辑关系，因此学生在学习时难以提起兴趣，导致教学质量不高。但"线性学习"有连贯性、整体性，所以将其与"板块式教学"结合能有效发挥两者的优势，取长补短。

"板线教学"的特点有以下方面。

1. "板块"分布

所谓"板块"状就是指在教学过程中，具体的教学内容以教师对于教材的理解以及看法和认知，对教学内容的一个点或者一个面进行分割，形成多个教学环节。这些教学环节呈"板块"状并列分布，各板块形成天然的独立单位。

2. "一线"相连

"板线教学"中的"板块"表面看来属于并排关系，各自看起来是相互独立的"板块"。其实是呈现出一种由浅入深、循序渐进的板块递进关系。要求不同的"板块"之间环环相扣、相互渗透，"你中有我，我中有你"。之所以会呈现出这样的状况，那是因为"板块"的划分并不是简单地将教学内容进行分割，而是由一条清晰明朗的主线将其串联起来，将每个独立的"板块"衔接为一个循序渐进、前后呼应的整体。

3. 有所侧重

"板块"的划分是通过教师按照其自身对教学内容的理解和认知，选择教学内容的一方面作为教学重点（即作为主线）。然后，根据这条主线来进行科学性、艺术性的板块分解。将教学重点突破口有效安排到各自的"板块"当中，让各"板块"的侧重点有所不同。教师在进行"板线式教学"的过程中，可以由点到线再到面地对教学重点进行详细的讲解和分析。

阅读课"三板一线"教学模式就是构建在"板线教学"的基础上，在小学语文阅读课教学中按照简约的艺术标准，利用"三板"原理，将教学内容安排在对应的序列化板块里，在实现语文课程多重功能的同时，聚焦一条有深度的学习主线。

第四节　语言学习规律

语言是用文字和声音来表现人们相互之间的思维、情感和行为动作的媒介。人类对母语的掌握是习得而来的，也就是说，在母语的自然环境中无意识地学成的。而对外语来说则是学来的，即是在特定的学习环境中有意识地学成的。虽然习得母语与学习外语在环境、方法、年龄等方面有很大差别，但也存在着共同之处，即人是语言的学习者。如何运用语言习得规律调动学习者的主观能动性，指导语文教学，是一个值得探索的问题。

关于语言习得，世界上不少语言学家都提出了自己的见解。乔姆斯基认为，语言是说话人心理活动的结果，婴儿天生就有一种学习语言的能力，对他们的语言错误无须纠正，随着年龄的增长，他们会在生活实践中自我纠正。克拉申则提出，语言习得的关键是一个内在化的过程，即把语言的语法和语用规则内在化，成为大脑机制的一部分。他还认为，语言学习是受环境影响的，一是自然环境，学习者通过与语言接触自然吸收，这种学习是潜意识的；二是课堂环境，学习者在正规的课堂训练中学习语言，这种学习是有意识的。从以上观点我们可以看出，无论是母语还是外语都是学习的，只不过是学习的环境和途径不同而已。我们可以对语言习得理论归纳出以下四方面。

（1）语言能力是人的大脑机制中的一个组成部分，任何正常人都有学习语言的天赋和才能。

（2）学母语无须特定的传授。语言原则是在不自觉的过程中实现的，大部分语言错误是在自己生活过程和语言实践中自我纠正的。

（3）习得语言是一个长时间的内在化过程。在这一过程中，学习者不但能够区别母语与非母语的词或句子，而且还能懂得句子结构的深层意义。

（4）习得语言是有时间限制的。它随着生物个体发展中的上升运动条件转变而产生固有事物本性的潜能化。

形成系统语言的组成离不开这几大因素：形象、发音、表意和语法规则。在儿童学习语言过程中，婴儿时期最先接触到的是听觉的发音和外在的表意。比如，婴儿在最先听觉到"MAMA"这个发音时，他们并没有意识到这是语言，而是将这个声音与周围其他声音视为一样。只不过当"MAMA"这个音多次从妈妈嘴中说出，并且与"妈妈"这个人结合在一起，表示一种人称的时候，他才明白这个发音是与某个人固定在一起的。随着年龄增长和语言经验的不断重复，他们不断地丰富自己周围的母语单词与事物的固定关系，并赋予这个发音一定的意义。随着婴儿长大，他们学习文字的时候，会自然利用单词的表意和发音对应到文字的外形上面，从而完成识字的过程。从某种程度上讲，文字只是他们记录头脑中语言发音与生活表意的一种符号。然后，随着单词、语汇的丰富，儿童会开始模仿成人利用这些单词和词汇进行相互组合搭配，变成一句能表达意思的句子。这其中，就涉及母语体系中所采用的语法规则。不同的规则能产生不同的语言效果。掌握了这些规则，那么就可以从单纯的模仿中，创造性地运用语言，从而能够表达出千姿百态的个人观点来。因为掌握了这个规则，所以不需要每一句话都通过模仿来表达。这样，人类学习语言的速度就会大大加快，还能够不断推陈出新。随着语言的累积丰富，连句成段，连段成篇，连篇成章。每一次连动变化都能产生许多语言组合规则。后来，人们把这些语言的组合规则统称为"表达方式"。

如果你不会教儿童语言，请你回想一下自己童年对语言的感觉；如果你连童年都想不起来，那么，我们换个角度——让我们处于与儿童同一个水平上。这样我们就能真切体会到儿童学习语言的过程与规律了。比如下面这几行文字。

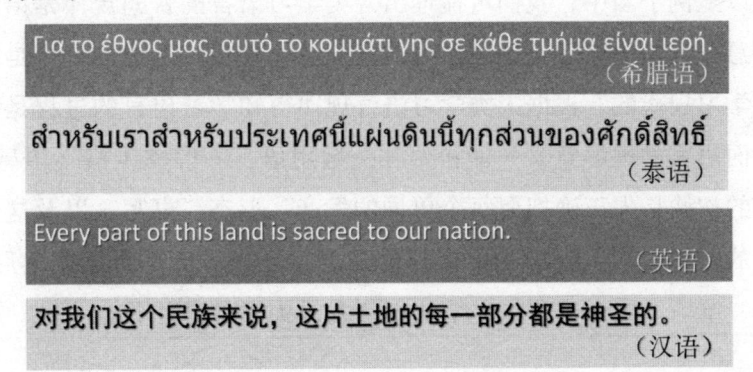

Για το έθνος μας, αυτό το κομμάτι γης σε κάθε τμήμα είναι ιερή.
（希腊语）

สำหรับเราสำหรับประเทศนี้แผ่นดินนี้ทุกส่วนของศักดิ์สิทธิ์
（泰语）

Every part of this land is sacred to our nation.
（英语）

对我们这个民族来说，这片土地的每一部分都是神圣的。
（汉语）

这四行文字，大多数中国人除了第三、四行之外，前面两行是十分陌生的。实际上他们表达的都是同一个意思：对我们这个民族来说，这片土地的每一部分都是神圣的。同一意义下的三种不同语言，符号不同，发音不同，单词组合的规则也不同。如图18所示。

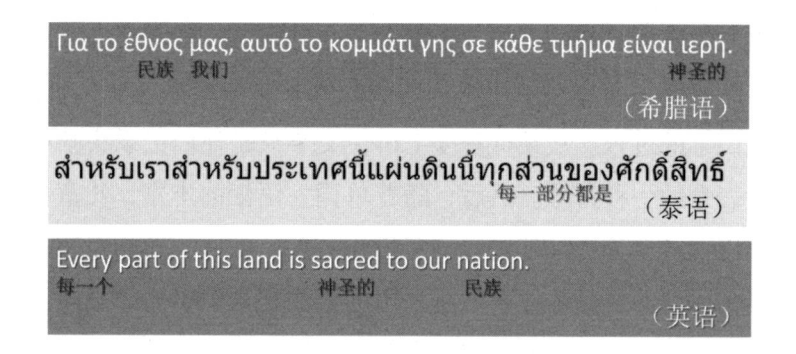

> Για το έθνος μας, αυτό το κομμάτι γης σε κάθε τμήμα είναι ιερή.
> 　民族　我们　　　　　　　　　　　　　　　　　　　　神圣的
> （希腊语）

> สำหรับเราสำหรับประเทศนี้แผ่นดินนี้ทุกส่วนของศักดิ์สิทธิ์
> 　　　　　　　　　　　　　　每一部分都是
> （泰语）

> Every part of this land is sacred to our nation.
> 每一个　　　　　　　　　　神圣的　　　　民族
> （英语）

图18　不同语言的组合规则不同

向自然学习，学习语言也不例外。成人面对着这样一些文字，其感觉与儿童首次面对母语书面语是相似的。人类接触语言的媒介有三种形式：一种是听到语音，没有文字；一种是直接看到文字没有语音；还有一种是既有文字又有语音。如果你面对的是直接说话的人，那么你只能听到语音；如果你看的是书本的文字，那么你只能看到书面语言。只有在学习的环境下（要么是课堂，要么是自助课堂），才能获取声音、文字、意义以及语法同时具备的信息。

从以上例子当中，我们可梳理出人类学习语言的普遍规律是语音—语素—语意—语用—语感。这个学习语言的规律是自然形成的，也是符合儿童语言学习规律的。根据人类学习语言规律得知学习语言的过程是口头语言—书面语言—理解意义—懂得语法—运用语言—形成风格（语感）。学习语言的初始是先正确把握每个单词的发音、形态、书写，以及这个单词所代表的意义。其次，学习单词与单词之间互相搭配的规则。然后到句、段、篇、章等。这个过程是一个从小到大，从积累到运用的过程。如图19所示。

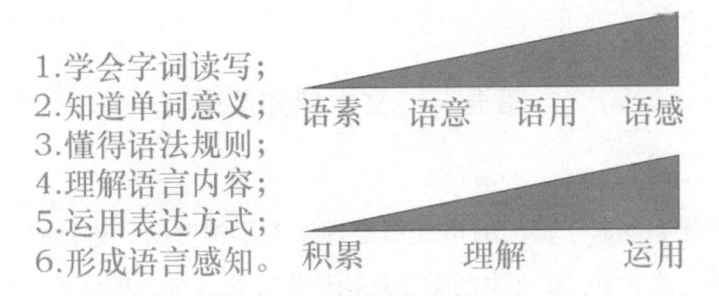

```
1.学会字词读写；
2.知道单词意义；     语素    语意    语用    语感
3.懂得语法规则；
4.理解语言内容；
5.运用表达方式；
6.形成语言感知。     积累        理解        运用
```

图19　语言学习过程

语文教学以"普通话"和"规范文字"作为学习对象，在中国，国家通用语言文字在许多地方都不是母语，特别是南方的大部分地区。因此，语文阅读教学对于部分学生来说无疑相当于学习新语言。当然，有个很好的前提是，现在社会大环境已经具备了通用语言文字的普遍传播。这点使越来越多的小学生把祖国通用语言文字作为自己的母语。也就是说，在上学之前，已经有大部分学生初步具备了口头使用语言的能力。这些初步的语言能力是粗略的、感性的、主观的。小学语文教学的最基础的任务不仅仅是教授语言、语言规范，还要教授迁移方法并提供练习机会。在"三板一线"中，依据人类学习语言的规律将语言学习功能分配到相应的三个板块中。如图20所示。

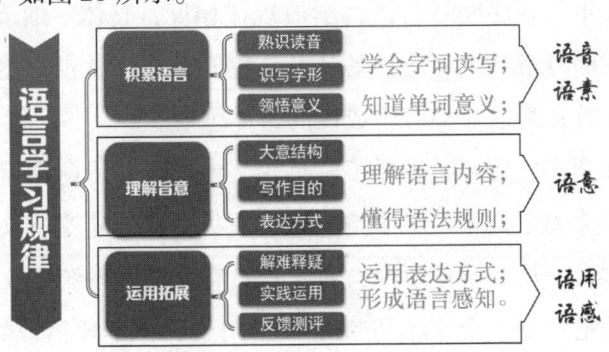

```
                  ┌─熟识读音─┐
         积累语言──┤─识写字形─├─学会字词读写；──语音
                  └─领悟意义─┘  知道单词意义；   语素
语言
学习    ┌─大意结构─┐
规律     理解旨意──┤─写作目的─├─理解语言内容；──语意
                  └─表达方式─┘  懂得语法规则；

                  ┌─解难释疑─┐
         运用拓展──┤─实践运用─├─运用表达方式；──语用
                  └─反馈测评─┘  形成语言感知。   语感
```

图20　语言学习规律

第五节　文本感知原理

20世纪初兴起于德国的格式塔心理学关于学习的"整体性"理论是我们在阅读教学中感知文本的重要理论依据。格式塔的整体性主要内涵是"感觉并不是各种感觉要素的复合，知觉并不是先感知各种成分再注意到整体，而是先感知到整体的现象，而后才注意到构成整体的诸成分"。也就是说，人们认识事物并非对个别部分做出反应，而是对整体的形象（即格式塔）做出反应。正常人看外物往往一眼就看到了它的整个形状，一眼就抓住了眼前物体的粗略的结构本质，然后才注意到它的各个细部。格式塔心理学的整体性告诉我们：从事艺术创作或鉴赏，一定要注意形象的整体性。可以说，艺术的整体，就是美的第一要素。我们欣赏交响乐，总是从整体旋律中去领略它的美，绝不会只因为其中的某一种乐器发出的声音而感动；我们欣赏某一幅画、某一座雕塑，首先也会把目光投向整体形象，而不是一开始就去注意它的细节。

格式塔心理学关于学习的"整体性"理论给我们的启迪价值在于——确定了感知文本的顺序刚好与语言学习规律相反：整体—细节。所以，我们对一篇文章的理解与学习应该是从整体感知，整体欣赏；然后再到细节解析，细节欣赏；最后才会有生成性的整体感悟。

确定感知顺序之后，必须要了解感知文本有哪些影响因素。这个问题必须先要了解关于"文本"的概念。根据百度百科的定义，文本是指书面语言的表现形式。从文学角度说，通常是具有完整、系统含义的一个句子或多个句子的组合。一个文本可以是一个句子、一个段落或者一个篇章。从中我们可以总结出能被人们所感知的文本必须具有以下特征。

（1）能够被人类所感知的文字。

（2）文字组合能表达一定的内容。

(3) 有确定的使用目的。

(4) 文字组合规范和逻辑能被人类解读。

以上几点特征估计第3点有人不理解，比如"我把一只老母鸭放到冰箱里，烤出了一股烧鹅的味道。"这句话如果抛开它的使用目的，那么很显然它是一句病句，并且其内容的解读不确定，不符合常规逻辑。如果文字组合无法被人类准确解读，那么这些文字组合是没有意义的，也就称不上为"文本"。所以，当我们无法准确感知文本的使用目的时，对文本的感知也是存在缺陷的。以上这句话，如果将其放到相声或者冷笑话中，那么它就具有文本的意义了。

在"三板一线"教学中，对于文本的感知集中体现在"理解旨意"板块中。根据以上理论，我们将文本感知梳理成三大程序，其程序及解读安排如图21所示。

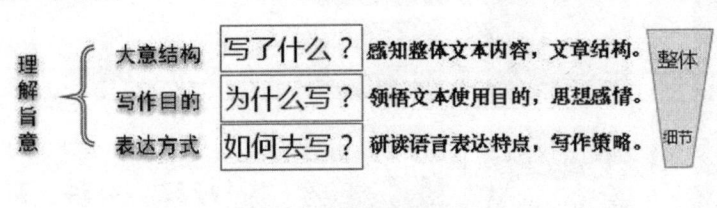

理解旨意 { 大意结构 —— 写了什么？ 感知整体文本内容，文章结构。 整体
写作目的 —— 为什么写？ 领悟文本使用目的，思想感情。
表达方式 —— 如何去写？ 研读语言表达特点，写作策略。 细节

图21 "理解旨意"板块

第六节 深度学习理论

所谓"深度学习"，是指在理解学习的基础上学习者能够批判地学习新的思想和事实，并把它们融入原有的认知结构中，能在众多思想中进行联系，并能将已有的知识迁移到新的情境中去，做出决策和解决问题的学习。或者是指通过探究学习的共同体促进有条件的知识和原认知发展的学习。它鼓励学习者积极地探索、反思和创造，而不是反复的记忆。我们可以把深度学习理解为一种基于理解的学习。它强调学习者批判性地学习新思想和知识，把它们纳入原有的认知结构中，将已有的知识迁移到新的情

境中，从而帮助决策、解决问题。

1. 深度学习的特点

（1）深度学习意味着理解和批判。

（2）深度学习意味着联系与构建。

（3）深度学习意味着迁移与应用。

这些表明，深度学习在教学设计中，首先应该设计出学生可以积极参与的学习活动，比如，采用基于问题的教学设计，这样才能不断地激发学生深入思考；任务驱动的教学设计，尽量让任务情境与学生的生活联系起来，这样既可以保持学生的参与积极性，同时也更利于学生运用学生所学的知识。再者，就是评价环节应该注意对过程评价的几个环节。在"三板一线"中，深度学习的设计如图22所示。

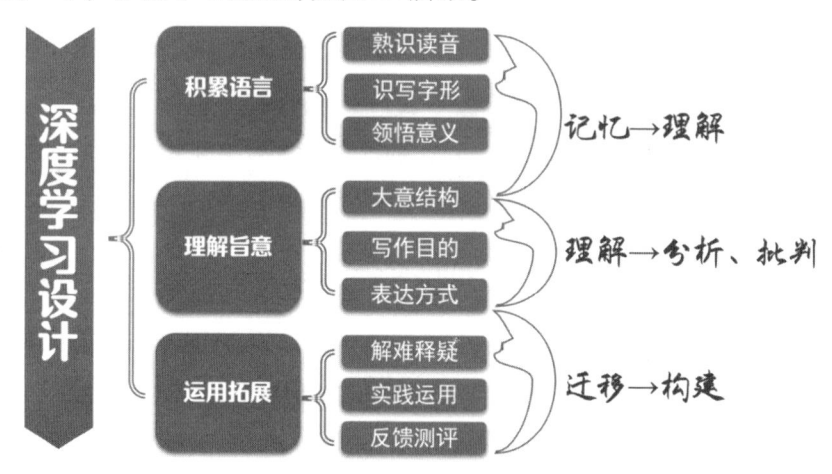

图22 深度学习设计

当然，深度学习更多时候是教师教学观念转化为教学行为，最终达到改变学习方式。这里列举的只是大概的设计方式，具有粗略性。具体的设计方案应该落实到每一具体课例上，落实到教师与学生学习活动上。

2. 深度学习与浅层学习的简单对比

深度学习与浅层学习的简单对比，如图23所示。

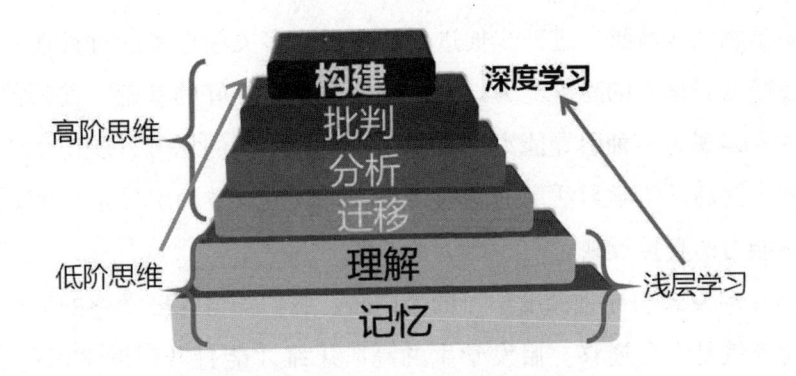

图23　深度学习与浅层学习的简单对比

概括起来说，深度学习就是让学生由低阶思维向高阶思维转化的学习策略。学生要达到深度学习至少要实现三个目标：认知结构的重建、学习策略能力的提高和道德素质的发展。

3. 深度学习引领的具体策略

（1）引导学习者将想法与以前的知识和经验联系起来。理论和实践都充分证明：只有当新知识建立在旧知识上，而且又高于旧知识的时候，是人类最感兴趣、最有求知欲的时候。一个人在学习新知识以前，不是对所要学习的知识一无所知的，他都有或多或少的基础，或者经验。老师要善于调查，提前了解学生已有的知识领域，在此基础上进行新的教学工作。这样对于充分调动学习的积极性，进行深度学习，有很大的促进作用。在"三板一线"中，此策略体现在"课前预习"和"积累语言"两个板块。学生均是在原有知识的基础上进行新的学习并引发疑问，带着问题进入课堂或下一环节。

（2）积极创造实践机会，并给予思考练习时间。在教学设计过程中，应该注意教学策略的选择，在编制学案或者提出问题时，不仅要设计好大的问题，更要设计好相关的小问题，这样才能不断地激发学生深入思考，随时生成新的问题；尽量设计出可让学生积极参与的学习活动，只有学生产生积极主动性，才是深度学习的最基本的保障。

课堂上要多给学生独立思考、表达交流的时间，让其对自己的思考有一种满足感和成就感，进一步促进他的思考。多关注思考的过程而不是结果，慢慢培养学生的思维能力，为深度学习奠定良好的基础。教师的作用则更主要体现为一种引导能力。教师通过引导学生的思考，展现学生的思维过程，提高学生学习活动的思维含量。可以说，教师引导水平的高低是其教学能力的直接反映。

（3）启发式引导是深度学习的敲门砖。我们知道深度学习的一个很重要的特征就是学会迁移。启发学生的高阶思维才能打开深度学习的大门，因此教师有价值的、启发式的引导与提问方式就变得十分重要。

（4）和谐平等的师生关系是深度学习的催化剂。这里涉及一个"交往深度"的影响。师生关系是否和谐，教师风格是否为学生所喜爱，学生是否敢于大胆尝试创新想法……这些因素其实都对深度学习的质量有所影响。只有当学生敢于在老师和同学面前展示自己真实的想法和做法的时候，深度学习才具有可能性。

第七节　大道至简的艺术理论

"大道至简"是中华道家的哲学精华，是道学学者对《道德经》思想内涵的一种概括："万物之始，大道至简，衍化至繁。"此一概念，不单为哲学流派诸子百家所重视，也被其他科学、艺术等领域所使用。在老子《道德经》中有多处关于"大道至简"的阐述：

"五音令人耳聋，五味令人口爽，畋猎令人心发狂。"

"大白若辱，大方无隅，大器晚成，大音希声，大象无形。"

……

所有的阐述纷纷指向了道的一个重要特征——简。我们知道过于繁杂炫目的事物会使人心生浮躁，不知所向。只有使之"至简"，才能使人趋于平静，容易聚焦。课堂教学也不例外，剔除复杂的花哨设计，减少多余的碎问碎答，把课堂大量的时间用到"精简"的目标上。精简的课堂在高效的同时也突显其艺术性，有诸多妙处。

一、精准定位

因为课堂环节的简单化处理，所以在教学内容的选择就不可能过多。我们知道小学语文阅读教学本来就承担着语文课程太多的"使命"，如果不在教学内容上做系统的精简和安排，就容易造成"眉毛胡子一把抓"的混乱局面。《道德经》有言：甚爱必大费，多藏必厚亡。一节课什么都想教，追求面面俱到，反而会导致面面皆空。"三板一线"在教学目标的定位上推崇"大道至简"理论，要求选择单独完整课时的教学目标时，基础性目标控制在3项以内，标准课时的聚焦性目标最好只有1个。所有基础性目标分别对应到相应的板块，聚焦性目标分阶段安排到相应板块。每一个板块，最好不要超过2个核心问题。这样的设计有利于让学生的学习更加"有的放矢"，师生的课堂精力容易凝集在学习重点上。

二、简单有效

这点能体现问题设置的艺术性来。提"简单有效的问题"指的是问题的难度设置不可过高，也不可过低，要恰到好处。既能激发大多数学生的学习兴趣，又不能打击其学习热情。这就要求老师对问题难度的把握进行思考。首先，所谓"简单有效"的问题实际并不是指难度低、容易懂的问题。其次，老师在表述这些问题的时候尽量做到"简单"，而且问题指向不要太多。这点在小学语文教学课堂，特别是低年段的课堂尤为重要。一个问题的表述如果太长，太复杂，指向太多，会影响学生的思维和课堂效率。比如，教授人教版低年段课文《找春天》时，同样是要求学生研读句子，不同老师的表述就会有不同的效果。如图24所示。

> **老师甲：** 孩子们，让我们打开课本轻声朗读课文，并拿出笔画出你找到的春天是什么样的？然后研读你画到的句子，并体会作者对春天的情感。
>
> **老师乙：** 轻声读课文，用笔画出春天是什么样的？并有感情地读一读。

图 24　不同老师的不同表达

从以上例子可得知，老师乙的表达效果更好。教师简洁精练的课堂语言与课堂效率、课堂艺术都有很大的关系。坊间流传语文教学中有"三个不讲"："学生已经懂的不讲，学生能自己读懂的不讲，讲了学生也不懂的不讲。"经过这番"删繁就简"之后，你的课堂提问就会变得"简洁大方"。

三、简约之美

艺术作品当中，许多传世的经典之作也不乏简约风格。比如，李白的"举头望明月，低头思故乡。"孔子的"己所不欲，勿施于人"，苏轼的"博观而约取，厚积而薄发"……这些诗句因其简单精练、简短易记，朗朗上口，因而得以流传百世。艺术上有种手法叫留白。这是中国艺术作品创作中常用的一种手法，极具中国美学特征。"留白"一词指书画艺术创作中为使整个作品画面、章法更为协调精美而有意留下相应的空白，使作品变得简单，留有想象的空间。从艺术角度上说，留白就是以"空白"为载体进而渲染出美的意境的艺术。从应用角度上说，留白更多指一种简单、安闲的理念。绘画需要留白，艺术大师往往都是留白的大师，方寸之地亦显天地之宽。例如，南宋马远的《寒江独钓图》，只见一幅画中，一只小舟，一个渔翁在垂钓，整幅画中没有一丝水，而让人感到烟波浩渺，满幅皆水。予人以想象之余地，如此以无胜有的留白艺术，具有很高的审美价值，正所谓"此处无物胜有物"。如图 25 所示。

图25　寒江独钓图

留白的作用是让欣赏节奏有张有弛，该聚焦的地方细细欣赏，该放松的地方为人留出足够想象的时间和空间，让作品真正走进欣赏者的内心。

音乐也一样，在高昂或者高潮之后，往往会安排一段让人宁静下来的乐段。与高潮的齐奏争鸣不一样，音乐中留白的地方往往只安排乐器独奏，甚至安静下来。营造出一种让人激昂澎湃之后的片刻的安宁，而这种安宁往往让人陶醉，让人产生美感。

语文阅读教学的课堂节奏也一样，在老师充分讲解之后，应该给学生留出大量的时间得以内化、感悟、体验、实践。留白，这一艺术手段，如果老师掌握得当，将会营造出十分美妙的课堂体验。

"简约"的教学同时也离不开教学媒介设计的简洁，小学语文课堂应该避免繁文缛节式的教学手段，避免滥用、乱用多媒体，避免"演出式"的教学形式。上课用的幻灯片尽量避免采用过于鲜艳夺目的背景颜色。"三板一线"教学中，呼吁执教教师采用"绿屏行动"。所谓"绿屏行动"就是鼓励教师在制作幻灯片时，将背景颜色调整为深墨绿色或者黑色。文字采用简短的白色、黄色字体。因为在多媒体教学盛行的今天，学生已经不可避免地长时间观看电子屏幕。改用黑色或者绿色背景有利于最大限度地保护学生的视力，能让学生情绪快速获得安宁。同时，长期使用黑色背景，有助于保护投影机灯泡，延长其使用寿命，有利于环保与学生健康。

大量事实证明，使用绿底白字，语言精练的幻灯片，教学效果更佳。在此作者向诸位老师发出呼吁，希望大家也通过自己的实际行动加入，并影响身边更多的同事加入"绿屏行动"中来。为保护孩子的眼睛贡献出一份小小的力量。

第八节　主次分明的艺术原理

一件艺术品之所以具有美感是因为它从自然的规律中得到启示，按照一定的比例进行构建。课堂艺术也不另外，在主与次的安排上也应该遵循一定的比例。当然，在具体实施的过程中，并非十分严格，只需要从中寻出个大概而已。一般来讲，课堂艺术中有如下关系需要厘清主次比例。

其一，重点目标与非重点目标的比例；

其二，重点目标与非重点目标所用的时间比例；

其三，学生中普遍教学对象与特殊对象的比例；

其四，课堂节奏中高潮部分与平常部分的比例；

其五，老师讲授时间与学生参与时间的比例；

其六，先进学生与后进学生展示机会的比例；

……

这些比例我们可以从两大理论中得到启示：黄金比例和二八定律。

先来看看什么叫"黄金比例"？把一条线段分割为两部分，较短部分与较长部分长度之比等于较长部分与整体长度之比，其比值是一个无理数，取其前三位数字的近似值是0.618。由于按此比例设计的造型十分美丽，因此称为黄金比例，也称为中外比。这是一个十分有趣的数字，我们以0.618来近似，通过简单的计算就可以发现：

0.618/1＝0.618

1／（1＋0.618）＝0.618

这个数值使两者之间的比例接近于 2∶3。这个数值的作用不仅仅体现在诸如绘画、雕塑、音乐、建筑等艺术领域，而且在管理、工程设计等方面也有着不可忽视的作用。如图 26 所示。

图 26　鹦鹉螺曲线的每个半径和后一个的比都是黄金比例

二八定律（也叫巴莱多定律）是 19 世纪末 20 世纪初意大利经济学家巴莱多发现的。他认为，在任何一组东西中，最重要的只占其中一小部分，约 20%，其余 80% 尽管是多数，却是次要的，也有人称之为"最省力的定律"。二八定律不仅在经济学、管理学领域应用广泛，它对我们的自身发展也有重要的现实意义：学会避免将时间和精力花费在琐事上，要学会抓主要矛盾。一个人的时间和精力都是非常有限的，要想真正"做好每一件事情"几乎是不可能的，要学会合理地分配时间和精力。要想面面俱到还不如重点突破。把 80% 的资源花在能出关键效益的 20% 上，这 20% 就能带动其余 80% 的发展。

根据这两个理论，我们选择性地应用到"三板一线"教学模式中，让各种比例关系符合"黄金比例"或者"二八定律"。应用的范围可大可小，可宽可窄；可选择固定式，也可选择随机性。一般情况下，我们遵循以下比例。

1. 聚焦性目标与基础性目标的比例遵循"二八定律"

整体教学目标 = 聚焦性目标（20%） + 基础性目标（80%）

也就是说通常情况下，一堂完整课时如果设置 1 个聚焦性目标（教学重点），那么，确定的基础性目标就是 2~4 个。这些基础性目标用来作为重点目标的补充与支持。

2. 聚焦性目标与基础性目标教学时间的比例遵循"黄金比例"

整体教学时间＝聚焦性目标时间（60%）＋基础性目标时间（40%）

也就是说如果完整课时只有一个课时（40分钟），那么用于聚焦性目标的教学时间大概在 $40 \times 60\% = 24$ 分钟。而基础性目标的教学时间大概在 $40 \times 40\% = 16$ 分钟。从中可以看出，聚焦性目标所用的时间占据了一节课的大部分，但是又不能全部占据，得按照一定的比例，否则，语文课堂就会变得十分单调乏味。

3. 学生中普遍教学对象与特殊对象的比例遵循"二八定律"

根据"二八定律"一个班级中优秀学生总是占据20%，而其他学生占80%。一位语文教师备课时，所设定的"学情"不可能面面俱到，只能够按照80%的学生情况来确定教学目标和进行执教。那么这部分的比例如图27所示。

整体学生学情＝优秀学生（20%）＋其他学生（80%）

学习氛围带动＝积极学生（80%）＋其他学生（20%）

教师课堂关照＝优秀学生（20%）＋其他学生（80%）

图27 "二八定律"

从中我们可看出，教师在课堂教学中，教学活动如果能够让20%的优秀学生先行参与，那么，就能逐渐带动80%的学生积极参与进来，从而用最省力的方法带动全班学习氛围。同时，教师在课堂提问时，提问对象和问题的设置也要讲究一定的比例。如果需要引领、示范、展示、带动时，可以从20%的优秀学生中选择；提问的次数不可太多。把更多的提问机会留给80%的其他学生。这样才能保持学生整体学习的有效推进。

4. 课堂节奏中高潮部分的比例可以参考"黄金比例"

一堂优秀的阅读课，应该要注重课堂节奏的设计。有张有弛、有高有低，课堂节奏的变化能牵动学生的情绪和注意力，让学生在高低起伏中获得语文素养。语文阅读教学中哪些环节可以被称之为"高潮"呢？一般来说，大部分学生参与的读、说、诵、演、展等情绪高涨的活动，在语文课当中都能创造出学习情绪的高潮。一节课下来，并非所有活动都设计成"高潮"，那样只会让你的课堂变得"华而不实"。那么如何安排呢，在"三板一线"中的安排如图28所示。

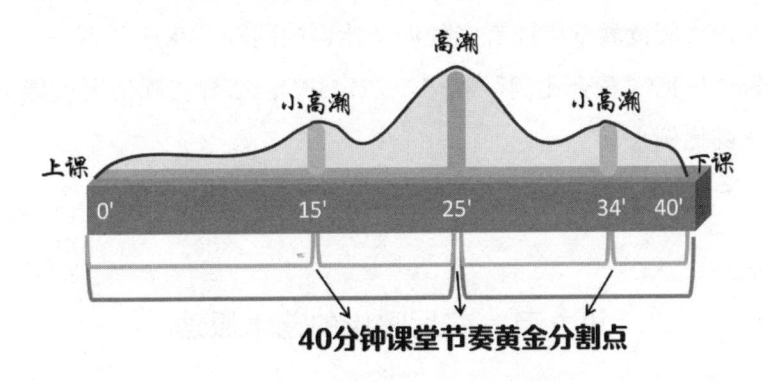

图28　40分钟课堂节奏黄金分割点

当然，理想中的课堂节奏是完美主义者永恒的追求，课堂设计到这个程度已经上升到艺术的角度了。常态课中，可以作为一种追求，一种榜样。

5. 老师讲授时间与学生参与时间的比例

我们可以结合"黄金比例"和"二八定律"给出一个大概的时间段，一般来说，老师讲解的时间总量最短不能少于"二八定律"中的"二"，最长不能超出"黄金比例"当中的"0.382"。学生参与的时间总量最长不超过"二八定律"中的"八"，最短不少于"黄金比例"当中的"0.618"。如图29所示。

图29　40分钟教授与学习时间比例

小学语文阅读教学中还有多处涉及比例的问题，在这里不一一详细阐述。大家可依据"黄金比例"和"二八定律"，结合实际情况就能分出科学、艺术的比例来。

第九节　前后呼应的艺术原理

课堂教学是时间的艺术，与时间相关的艺术，比如音乐、电影、戏剧，以至小说等，较为成功的作品往往都有一个共同之处：有呼应。呼应，意指配合、对照、响应，头和尾相互接应。原指作战时相互接应，又叫首尾照应。如一人对山谷呐喊（呼），反射回来的响声（应）。顾名思义，有呼才能有应，呼在前，应在后。呼是开启，应是结果。有呼无应，如虎头蛇尾，有始无终；有应无呼，如东鳞西爪，残缺不全。

艺术作品当中采用"前后呼应"的手法有助于串联作品脉络，让其结构紧凑，隐藏深刻含义，同时能勾起欣赏者对前面内容的回忆，形成完整的艺术形象。与之相辅相成的艺术手法是"过渡"。过渡与呼应的结构表现技法有着共同的主旨目的，就是避免不必要的重复，使艺术作品具有创造性、逻辑性，更加连贯有序，使结构的构成富有意蕴深远的含义及其价值。在叙事性的音乐、话剧或者舞蹈编创中，过渡是用一些形式（例如队形、动作、道具、音乐或灯光）的转换，在某一情节展开以前，便应加以提示，使观赏者看出头绪来，然后引出情节来。把相邻的段落和层次的联系加以提示，使前后段落或层次的关系显现出来，就是在由甲情节转到乙情节之前，应有一个过渡，以引起观赏者注意，引导观赏者到达下一情境之中。而呼应则是让前后内容互相照应，前有交代，后有呼应，引导观赏者返回上个或是最初的情境之中。这样做，就能将众多的素材连为一体，做到条理清晰、层次分明、连贯有序，让观赏者一目了然。过渡与呼应的结构表现技法就像是一部作品的基础。打好了基础，即使是平淡无奇、司空见惯的题材，也能够巧妙地、创造性地运用过渡与呼应，形成新颖的结构表现手法。

在"三板一线"的教学设计上，如能恰当运用好"过渡语＋前后呼应"的表现形式，在三个板块之间设计恰当的过渡语和前后呼应，会让课堂形象达到一个艺术的高度。如图30所示。

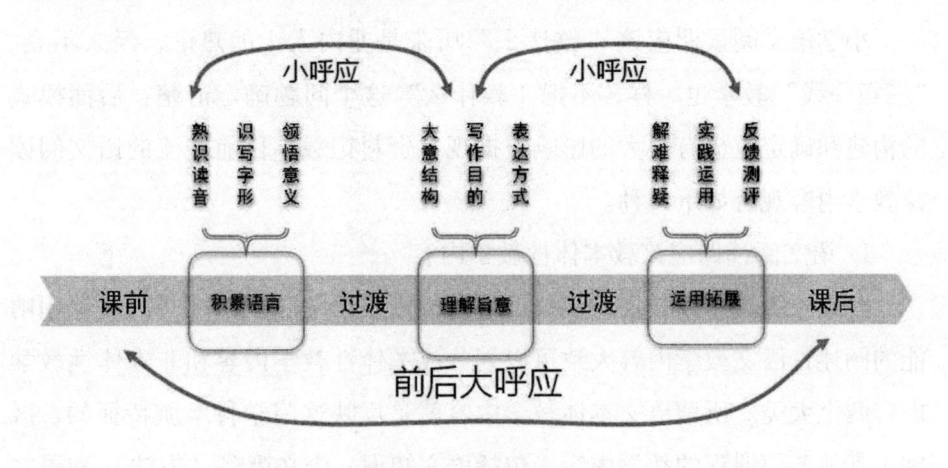

图30　"前后呼应"

第四章 设计理念

第一节 从课程的高度来观照

小学语文阅读课应该"教什么"历来是业内人士的热论，经久不衰。"三板一线"教学也一样，不把"教什么"这个问题确定清楚，后面模式的构建和确定也会有很大的影响。据现有资料记载，目前主流的语文阅读课教学内容观有如下几种。

1. 语文阅读课应该教本体性教学内容

此观点为吴忠豪教授所倡议。他说，按照语文课程标准对语文课程功能的阐述，语文教学内容大致可以划分成本体性教学内容和非本体性教学内容两个大类。所谓语文本体教学内容就是反映这门学科本质特征的、区别于其他各门课程的教学内容，包括语文知识、语文策略（方法）和语文技能。这类教学内容是语文课程必须承担的本体任务，反映出语文课程区别于其他课程的本质特性，完成这些教学内容，就能为学生学习各门课程奠定扎实的基础，也能为学生人文素养的全面提升奠定基础。所谓非本体教学内容，包括情感、态度、审美、价值观教育，多元文化的学习，思维能力和创新精神的培养等，这类教学内容不是语文课程一科独担的，而是由基础教育各门课程共同承担，而且，学校、家庭、社会对学生"情感、态度、价值观"的形成所发挥的作用远远超过了语文这门课程。

2. 语文阅读课应该学习语言文字运用

持此观点者，最近几年很多。在"语用"意识的引领下，许多公开的阅读课都安排了"练笔"这种形式。"语用"意识的增强是对之前中国语文阅读课"重人文，轻语用"的一种重新定位。这种教学观认为语文阅读课教学内容的确定除了字、词、句的理解，文章内容的把握，重点还应该关注表达形式运用（写法、修辞、思维）。

3. 语文阅读课应该重点教阅读和积累

这种教学观认为，语文阅读课就应该回归本位——阅读，教师应该在发挥课文范文作用的同时，教会学生学习阅读和阅读策略。把"学会阅读，喜爱阅读，海量阅读"作为阅读课的核心任务。呼吁把课外阅读引入课内，课内阅读向课外拓展。大胆尝试类似于吟诵、素读、自主阅读、群文阅读、对比阅读、主题学习等形式。

4. 语文阅读课应该教课文内容

这是我国传统语文阅读课主流观点。教师以讲读课文为主线，在讲读过程中学习语文基础知识，理解课文内容，接受思想熏陶。随着新课程标准的发布和国家语文教育的整体提升，这类观点越来越少。由于其影响久远，目前大部分一线语文老师还保持着这样的观念和执教方法。

5. 语文阅读课应该教"标准课程"

简单来说，语文阅读课的教学内容不需要教师过多解读，语文阅读课的教学内容就是课程大纲中规定的内容。不可过多猜测，也不做删减和改动。教师只需要认真研读课程标准，准确定位课时教学内容即可。凡是属于课标中要求的内容皆可作为课时教学内容。这些教学内容就是课程标准提倡的知识与技能、过程与方法、情感态度与价值观三维目标的实现。至于语文是什么？语文课程的性质是什么？应该严格执照课程标准要求来解读，而不是采用学术讨论的其他解读。语文课程的教学内容应在国家教育需要的总体引领下，按照课程标准制定。不需节外生枝，也不能过度解读。新版的统编教材出现后，助读系统已经基本制定了每一课时学生应该掌握的教学内容。也就是说，从国家层面上，实际上已经解决了大部分语文教师原来苦恼的——阅读课应该教什么的问题。"三板一线"教学内容的确定是站在国家课程标准的高度来观照具体教材、具体学情，从而确定具体课时的教学内容。其教学内容的选择遵从国家标准课程规定的内容，根据中国学生普遍水平进行设计。如果国家课程标准改动，在教学模式不变的情况下，教学内容随之改变。

从某种程度上讲，"具体要教什么"是语文教师要考虑的事情，因为要考虑到实际的学生情况。但"大体要教什么"不是一线教师应该考虑的问题。"大体要教什么"的问题也不应该由教师来决定。哪怕这位教师专业水平极高。"教什么"应该由国家教学大纲确定标准（现统一为课程标准），毕竟语文教学不仅仅只是教语文基础，它同时肩负着"立德树人"的功能，肩负着"情感审美陶冶""传承文化"和"弘扬主流思想"的功能。许多语文专业人士站在语文的角度提出了许多前卫的观点，有些还借鉴了国外的经验，提出了如吟诵语文、生态语文、生命语文、本体性语文、语用语文、主题学习语文等语文观。不可否认，这些观点的确十分先进，也有一定的实践基础。考虑到"教学模式"的普遍性，在许多一线教师无法到达这样的高度之前，我们构建的模式必须具有一定的可操作性。作为目前中小学人文学科主要的载体，语文这一学科所承载的功能注定就不能仅仅是语文本身，阅读课的功能就注定不仅仅是阅读本身。

综上所述，"三板一线"的语文教学任务从宏观上讲，就是实现语文课程标准的多重功能；从微观上讲，就是根据学生实际情况，让大多数学生掌握统编版教材的基本教学内容。这是底线，也是达标线。只有在完全做好这些的基础上，才能讨论创新与发展。

第二节　用科学的方法来规范

　　一线语文教师在长期的执教过程中，往往会自发形成固定的教学方式和教学习惯。只是这些固定的方式和习惯是凭经验、凭感觉无意识形成的，具有随意性。所以，从某种意义上讲，这种固定方式和习惯还不能算是教学模式。"三板一线"在构建之初，虽然也有一些个人经验和爱好渗透其中，但其构建是在一系列科学理论的支持与验证下进行的。从理论上保证了模式构建时的科学性，每一步设计都能找到相关的理论和实践的验证，做到标准规范。

　　"三板一线"是想把感性的语文教学放到理性的思考里，让每位语文教师都能上好科学规范的语文课。

第三节　以艺术的境界来审视

　　"三板一线"教学模式除了要求上好科学的语文课的同时，也追求语文阅读课的艺术高度。注意这里面采用"要求"和"追求"两个词语。表明科学规范的课堂是标准，是基础；而艺术的课堂是一种向往，一种追求。把艺术写进"三板一线"的课堂是为了避免过于规范导致语文阅读教学变得单调乏味。同时，追求艺术的境界，会让执教者深感课堂的魅力，激发课堂本身的吸引力。

　　所以，带着艺术的境界来审视语文阅读课堂是"三板一线"秉承的一种追求。追求一种艺术的课堂，能让学生感受到语文和教学艺术的魅力。

第四节　用儿童的眼光来观察

　　小学语文的施教对象是儿童，施教内容和方式也应该儿童化。小学语文姓"小"，这样的定位具有十分重要的意义。如果忘记了儿童的本位，忘记了儿童的情怀，小学语文教师就等于忘记了本分。"三板一线"教学模式构建的使用对象是教师，但其出发点和服务对象应该是作为儿童的小学生。教师应该要清楚儿童学习语文的真正需求，能用儿童喜闻乐见的方式，帮助儿童获得自身成长所必需的语文素养。对于小学语文教师来说，只有用儿童的眼光看世界，才能看到儿童眼中的世界，才能走进儿童心中的世界，才能让小学语文富有"童趣"。

　　换句话来说，只有懂得儿童，才能让小学语文阅读课"三板一线"教学模式焕发生命活力。

第五节　从教师的需求来构建

　　"三板一线"设计的初心，源于为广大小学语文教师服务。其目的是想通过制订规范的教学模式让年轻教师迅速把握语文阅读课教学的脉络，改善广大语文教师的备课思路，提高课堂效率。有了它，能让广大语文教师从繁重的备课任务中解脱出来，按照规范的模式进行操作即可。所以，设计之初就从一线教师的角度充分考虑其需求和实际情况。其教学方法的应用应尽量考虑目前大多数语文教师的使用习惯和普遍水平。比如，教学目标的清晰化，执教过程的规范化，教案设计模板化，教学课件统一化等。总之，教学模式要遵从服务对象老师和学生的需求而进行构建。

　　能让教师易于学习，便于操作，减轻负担，提高效率是"三板一线"

教学模式的追求。

第六节　从学习的深度来评价

评价一节课质量的高低应最终落实到学生的学习深度上。因此，让语文教学变为"深度教学"是"三板一线"贯彻课堂评价的基本理念。所谓小学语文深度教学，是指小学语文教师深入挖掘语文教材中知识的内涵的丰富价值，带领学生超越表层的知识符号学习，进入语文知识的内在逻辑形式和意义深度，实现语文教学对学生的发展性价值，进而使小学生通过小学语文课程的学习获得知识、发展逻辑思维能力、培养情感态度和价值观。即通过小学语文深度教学，能实现新课标提出的"知识与技能""过程与方法""情感态度和价值观"三维目标的深度达成。在课堂评价方面遵循以学生最终获得与生成作为标准。因此，我们在引用广东省东莞松山湖中心小学课堂观察表的基础上，完善了"三板一线"课堂深度学习观察表，作为课堂评价与诊断的依据。

注重学习深度，注重集体实践，注重当堂反馈是"三板一线"模式课堂评价的基本理念。

下编　小学语文阅读课"三板一线"教学模式的实践体系

开始实践之旅前,要对行程的规划有所了解。学习一种教学模式通常走的是一条"理论基础—实践探索—理论提升—实践调整"的路。在不断的理论联系实践过程中,才能逐渐理解"三板一线"的全貌。为使学习者全面把握"三板一线"的操作体系,这一编采用了"整体—部分—整体"的阐述思路。前面的"整体"先从模式的框架结构说起,让学习者对"三板一线"的概况先有个整体印象,然后按照"架构介绍、教学程序、教学应变、课堂观察、注意事项"的顺序进行局部阐述。最后,结合样板案例,说说整体的模式设计。在阐述过程中,尽量以实例为主,辅以操作说明和设计意图的阐述。

第一章　模式架构

第一节　设计模板

"三板一线"教学设计模板有两种形式：一是备课表格型。二是常规使用的文字表述型。表格型适合在校学生、备考教师、新入职教师和年轻教师使用。文字表述型适合有一定经验教师使用。当然，也没有严格意义上的区分。这里的区分，主要考虑到年轻教师采用表格型更容易形成备课逻辑，对语文阅读教学和"三板一线"的思路更容易理解，形成良好的备课习惯。下面是这两种模板的具体解读，附图如下：

1. 备课表格模板

X年级（上/下）《课题：XXXXXXX》"三板一线"备课表					
课前预习						
课时学习		学习内容	教学形式	测评方式	备注
积累词句 （目标）	熟识读音				
	识写字形				
	领悟意义				
理解旨意 （目标）	大意结构				
	写作目的				
	表达方式				
实践运用 （目标）	解疑释难				
	实践练习				
	测评反馈				
板书设计						
课后复习						
设计者：　　　　年　月　日					

"三板一线"教学设计备课表格模板

2. 文字表述模板

X 年级（上/下）《课题：XXXX》"三板一线"教学设计模板

XXX 学校　XXX

教学目标：
  积累目标：
  理解目标：
  运用目标：

课前预习：
  1.
  2.
  3.

课时学习：
  一、积累词句
   1. 熟识读音
   2. 识写字形
   3. 领悟意义

  二、理解旨意
   1. 大意结构
   2. 写作目的
   3. 表达方式

  三、实践运用
   1. 解疑释难
   2. 实践运用
   3. 反馈测评

课后复习：
  1.
  2.

板书设计：

"三板一线"教学设计文字表述模板

3. 备课表格模板使用说明

三（上）《11.秋天的雨》"三板一线"备课表

课前预习	使用工具，自学生字词；朗读课文三遍；提出疑问。			
课时学习	学习内容	教学形式	测评方式	备注
积累词句 学习生字词，背诵精彩语句。	熟识读音 识写字形 领悟意义			可在此标注时间、课时
理解旨意 熟读课文，领悟秋天的美好。	大意结构 写作目的 表达方式	了解课文大意	先朗读，后思考：从哪几个方面写秋天的雨？	交流
实践运用 学写比喻与拟人句。★	解疑释难 实践练习 测评反馈	按照核心问题展开。先定板块学习内容，后定教学形式和测评方式。测评方式太简单或作为常规时，可省略。		
板书设计	11. 秋天的雨——（钥匙） 想像　颜料　气味　小喇叭　比喻 朗读　　　　　　　　　　　拟人 　　　　丰收 欢乐　　　　　爽			
课后复习	练习背诵课文；完成巩固练习。			

设计者：东莞市寮步镇中心小学 钟有弟　2018年3月15日

多课时者，注明（第1课时）（第2课时）

教学流程先走横向，再走纵向。考虑到减少干扰，两种备课模板使用的相同之处，不重复注明。一般情况下，前者已有的提示，后者也是一样。比如，提示标明方式与后面的文字表述一样，这里不重复说明。

4. 文字表述模板使用说明

例：三（上）《秋天的雨》"三板一线"教学设计
东莞市寮步镇中心小学 钟有弟

X 年级（上/下）《课题：XXXX》"三板一线"教学设计模板
XXX 学校　XXX

教学目标：
　积累目标：学习生字词，背诵精彩语句。
　理解目标：熟读课文，领悟秋天的美好。
　运用目标：学写比喻与拟人句。*

（实际使用时简洁注明即可，看例。）

（结合教学大纲、学生情况、教材确定对应目标。教学重点后面标注红色*，表示作为聚焦性目标，作为一线。其余皆基础性目标。制定目标参考助读系统或课后练习题。）

课前预习：
1. 使用工具，自学生字词；
2. 朗读课文三遍；
3. 提出疑问。

（课前预习根据不同地区，不同学生，不同年段作不同安排，具体见后面关于"课前"的阐述。总体数量不能太多，难度适中，能激发学生学前兴趣。）

例：三（上）《秋天的雨》

课时学习：
（实际使用时大标题可根据课文核心或者"一线"内容进行恰当串联表述。原板块功能不能变。）

一、积累语言　　积累语言，初识"秋雨"。
　1. 熟识读音
　2. 识写字形　　分项下面还可根据实际需要增加下级项目编号。
　3. 领悟意义　　积累板块的教学内容可视年段需要，作适当调整。

二、理解旨意　　再读课文，理解"秋雨"。
　1. 大意结构　　根据教材解读结果，每个步骤提1-2个核心问题，
　2. 写作目的　　作为板块学习中心，围绕中心，设计教学与测评
　3. 表达方式　　活动。核心问题根据不同文体确定。

三、运用拓展　　实践拓展，仿写"秋雨"。
　1. 解难释疑　　解难释疑是对"一线"进行练习前的解读，以保证
　2. 实践运用　　后面的实践运用能落实到实处。反馈测评包含展
　3. 反馈测评　　示、评价、交流分享等多种形式。
　　　　　　　　……

（作为教学重点的"一线"，运用拓展板块是其重要的实践时间段。其他两大板块可相机将内容进行有机分解，分散处理。）

提示标明方式：
特别重要：红粗字体
突出不同：**黑粗字体**
需要板书：（板书）
媒体演示：（PPT）
标注前呼：（↓）
标注后应：（↑）
标注时间：（25'）
标注课时：红　线
　　　　　（划分）
……

学生活动内容用普通宋体；练习内容、过渡语、引导语、引用文等备注性文字采用楷体。前面标注对象。如：老师引导语就标注——（师）：XXX

99

例：三（上）《秋天的雨》

课后复习：
1. 练习背诵课文。
2. 完成巩固练习。

> 如果是2-3课时才能完成一个完整课时，那么课后复习就要标注（第1课时，第2课时……）

板书设计：

> 板书设计一般分四个区域，不一定都有，可相机选择设计。

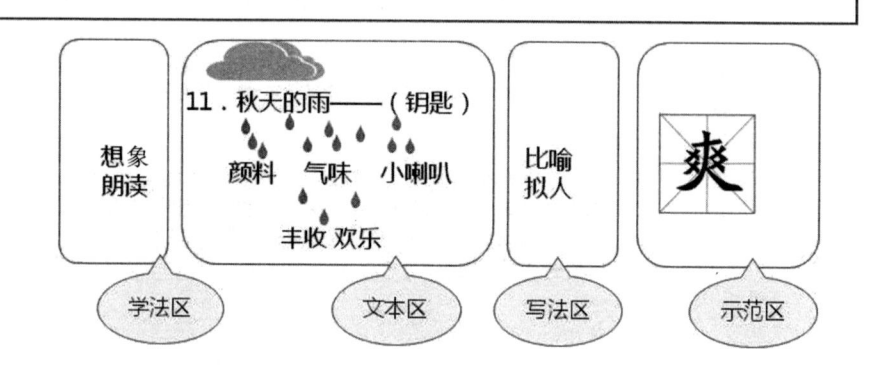

想象 朗读	11. 秋天的雨——（钥匙） 颜料　气味　小喇叭 丰收 欢乐	比喻 拟人	爽
学法区	文本区	写法区	示范区

5. 备课表格模板案例：《11. 秋天的雨》

三（上）《11. 秋天的雨》"三板一线"备课表

课前预习	1.使用工具，自学生字词；2.朗读课文三遍；3.提出疑问。			
课时学习		学习内容	教学形式	测评方式	备注
积累词句 学习生字词，背诵精彩语句。	熟识读音	(1) 积累词语 ① 生词：清凉、炎热、邮票、凉爽、菠萝、气味、丰收、扇子、仙子、柿子、粮食 ② 叠词：轻轻地、香香的、甜甜的、厚厚的、油亮亮的 ③ 四字词：五彩缤纷、你挤我碰、频频点头 (2) 练读句子。 它把黄色给了银杏树，黄黄的叶子像一把把小扇子，扇哪扇哪，扇走了夏天的炎热。 它把红色给了枫树，红红的枫叶像一枚枚邮票，飘哇飘哇，邮来了秋天的凉爽。 (3) 朗读全文。	(1) 注意词语的轻声，开火车读纠正，全班跟读。指名范读，多种形式读。） (2) 练读含有比喻、拟人的句子。先自由练习，后集体朗读。 (3) 全班朗读全文2遍。第1遍读准字音，第2遍读流畅。	学生互评。教师指正。 展示读。 检测读音检测流畅度	(PPT) (↓1)
	识写字形	(1) 学写生字。 (2) (3) (4) 熟记生字。	(1)指导正确书写生字。重点指导"爽"的写法。（观察、范写、书空、练习、点评） (2) 发放检测题。	练习 当堂检测。	(板书) (PPT)
	领悟意义	(1) 理解难懂词语； (2) 反馈预习疑问。	(1) 课文中还有哪些疑问呢？（比如五彩缤纷等） (2) 学生互相交流，理解。带着问题进入下一环节。		
理解旨意 熟读课文，领悟秋天的美好。	大意结构	理解课文大意和结构。 学习概括。	(1) 朗读课文，思考：课文有几个自然段？每段主要讲了什么？ (2) 学生交流：课文是从哪几个方面写秋天的雨的？	汇报 口头反馈	(板书)
	写作目的	领悟秋天的特点。 感受作者对秋雨的喜爱之情。体会文章赞美秋雨的情感。 积累优美语句，培养语感。	(1)你看过描写秋天的文章吗？ (2)作者笔下的秋天是一个怎样的季节？用笔画出相关句子。 (3)从文中优美的句子描写里面你感受到了作者怎样的情感？反复朗读比喻、拟人的句子，展开想象。读出感情。 (4)练习背诵第2自然段。	讨论 示范纠正 朗读评价 同桌互背	(↓2) (↑1) (板书)
	表达方式	发现句子表达方式及语言特点。	展示句子结构特点。发现语言的表达方式。藏着什么秘密呢？ （师：作者为了表达自己对秋雨喜爱的情感，把秋雨看作了跟人类一样。同时，运用许多重叠的词语来表达那种动态。）		(PPT) 比喻拟人

	解疑释难	学习如何仿写。	具体介绍仿写的方法 比喻、拟人修辞手法的作用：使句子更加生动形象，富有艺术魅力。我们也很喜爱秋雨，那我们该如何来写呢？		(PPT)
实践运用 学写比喻与拟人句。*	实践练习	（1）想象一下，秋雨还会把颜色分给谁？ 黄黄的叶子像一把把小扇子，扇哪扇哪，扇走了夏天的炎热。 红红的枫叶像一枚枚邮票，飘哇飘哇，邮来了秋天的凉爽。 青青的松叶像（　），啊（　）啊，（　）了春天的锦绣。 （　）的（　）像（　），（　），了（　）。 …… （2）想象一下，秋雨还会让什么变得更加可爱？ 橘子、柿子你挤我碰，争着要人们去摘呢！ 柳树、杨树（　），（　）熟睡中的大地。 （　），（　）。	先读例句。 示范一句。 各自练习。 同桌修改。 小组互评。 上台展示。	当堂实践练笔。 与同桌交流，修改，展示。	(PPT) 练习纸 展示台
测评反馈		分享自己作品，欣赏佳作。 拓展阅读秋天资料。	（1）同桌交换阅读，帮助修改；全班展示优秀作品。 （2）朗读全文。秋天还会给我们带来什么呢？请看课后"阅读链接"。	展示	(↑2)
板书设计		11. 秋天的雨——（钥匙） 想象　　颜料　气味　小喇叭　　比喻 朗读　　　　　　　　　　　　　拟人 　　　　　　丰收 欢乐 爽			
课后复习		1. 第1课时：练习背诵课文；抄写生字词，听写。 2. 第2课时：练习运用比喻、拟人句描写景色；完成巩固练习。			

设计者：陈升旭、钟有弟
2018年7月28日

6. 文字表述模板案例：《11. 秋天的雨》

三（上）《11. 秋天的雨》"三板一线"教学设计
设计者：陈升旭、钟有弟

教学目标：

积累词句目标：学习生字词，背诵精彩语句。

理解旨意目标：熟读课文，领悟秋天的美好。

拓展运用目标：学写比喻与拟人句。*

课前预习：

1. 使用工具，自学生字词；

2. 朗读课文三遍；

3. 提出疑问。

课时学习：

一、积累语言，初识"秋雨"（25'）①

1. 熟识读音

（1）积累词语。

①生词：清凉、炎热、邮票、凉爽、菠萝、气味、丰收、扇子、仙子、柿子、粮食

②叠词：轻轻地、香香的、甜甜的、厚厚的、油亮亮的

四字词：五彩缤纷、你挤我碰、频频点头

（注意词语的轻声，开火车读纠正，全班跟读。指名范读，多种形式读。）

（2）练读含有比喻、拟人的句子。（↓1）②

它把黄色给了银杏树，黄黄的叶子像一把把小扇子，扇哪扇哪，扇走了夏天的炎热。

它把红色给了枫树，红红的枫叶像一枚枚邮票，飘哇飘哇，邮来了秋天的凉爽。

（3）全班朗读全文2遍。第1遍读准字音，第2遍读流畅。

2. 识写字形

（1）指导学生正确书写生字。重点指导"爽"的写法。（观察、范写、书空、练习、点评）（板书）

---

① 表示所用时间。

② 表示呼应1中的"前呼"。

(2) 当堂练习，反馈。

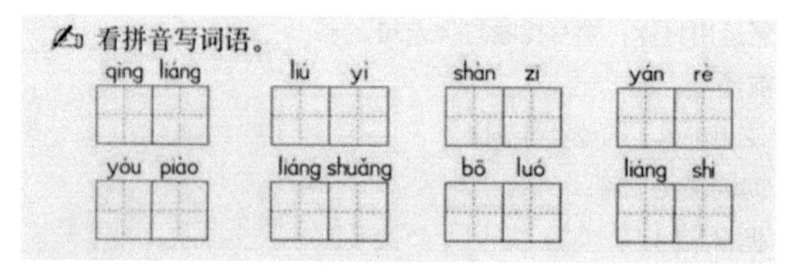

看拼音写词语。

| qīng liáng | liú yì | shàn zi | yán rè |
| lián shuǎng | bō luó | liáng shi |
| yōu piāo |

3. 领悟意义

课文中还有哪些疑问呢？（比如五彩缤纷等）

学生互相交流，理解。带着问题进入下一环节。

二、再读课文，理解"秋雨"（15'）

1. 大意结构

（1）朗读课文，思考：课文有几个自然段？每段主要讲了什么？（学生汇报）

（2）学生交流：课文是从哪几个方面描写秋天的雨的？汇报（板书）

（课时分割线）   （第1课时↑）

             （第2课时↓）

2. 写作目的

（1）你看过描写秋天的文章吗？（讨论）（↓2）①

（2）作者笔下的秋天是一个怎样的季节？用笔画出相关句子。

（3）从文中优美的句子描写里面你感受到了作者怎样的情感？

反复朗读比喻、拟人的句子（↑1）②，展开想象。读出感情。（板书）

（4）练习背诵第2自然段。

3. 表达方式

文章的语言很美，里面都藏着什么秘密呢？（比喻、拟人）

（师：这些优美的句子里面都藏着些什么秘密呢？我们通过反复朗读，

---

① 表示呼应2中的"前呼"。
② 表示呼应1中的"后应"。

发现作者为了表达自己对秋雨喜爱的情感,把秋雨当作了人类。同时,文章还运用许多重叠的词语来描绘动态美景。为了赞美秋雨,作者把秋雨比作了好多对人类有用的物品。)

三、实践拓展,仿写"秋雨"

1. 解疑释难

比喻、拟人修辞手法的作用:使句子更加生动形象,富有艺术魅力。我们也很喜爱秋雨,那我们该如何来写呢?(老师看幻灯片具体介绍仿写的方法)

2. 实践运用(幻灯片)

(1) 想象一下,秋雨还会把颜色分给谁?

黄黄的叶子像一把把小扇子,扇哪扇哪,扇走了夏天的炎热。

红红的枫叶像一枚枚邮票,飘哇飘哇,邮来了秋天的凉爽。

青青的松叶像(　　),(　　)啊(　　)啊,(　　)了春天的锦绣。

(　　)的(　　)像(　　),(　　),(　　)了(　　)。

……

(2) 想象一下,秋雨还会让什么变得更加可爱?

橘子、柿子你挤我碰,争着要人们去摘呢!

柳树、杨树(　　),(　　)熟睡中的大地。

(　　),(　　)。

……

3. 反馈测评

(1) 同桌交换阅读,帮助修改;全班展示优秀作品。

(2) 朗读全文。秋天还会给我们带来什么呢?请看课后"阅读链接"(↑2)。①

---

① 表示呼应之中的"后应"。

105

课后复习：

1. 第1课时：练习背诵课文；抄写生字词，听写。
2. 第2课时：练习运用比喻、拟人句描写景色；完成巩固练习。

板书设计：

```
           11. 秋天的雨——（钥匙）
    想象
    朗读    颜料  气味  小喇叭    比喻         爽
                                拟人
            丰收 欢乐
```

第二节 关于"课前"

一、关于学生预习[①]

什么是预习？《现代汉语词典》（第7版）中认为预习是"预先自学将要听讲的功课"。在"预习"的内涵中重点指出：预习的方式是自学，预习的对象或内容是将要听讲的功课，预习的时间是在教师讲课前。叶圣陶认为"按照读物的性质，做适当的处理，教学上用语称为'预习'"。王文彦、蔡明认为，"语文预习"应当是学生预先自读教材内容，筛选出文中重要的信息，根据自己头脑中的原有旧知识，进行判断、推理、分析、综合、评价等一系列思维方式，最终整合成新知识的一个思考过程。王蕴芬认为，"预习是在教师讲课之前，先自己阅读新课的内容，做到初步了解，并做好学习新知识的准备工作"。艾发其认为，"预习是在教师指

[①] 部分资料引自：姜林毕业论文《初中语文课前预习的教学研究》，上海师范大学，2012年．

导下，学生进行的有明确目标的、独立的阅读实践活动"。在此，预习的内涵中教师的指导作用被重视，明确的预习目标被提出。学生自学能力是一个渐进培养的过程，教师的角色在预习中不可缺失，从预习内涵的表述中可以看出，教师开始关注预习效果的问题。

预习内容分为整册预习、单元预习、单篇预习。整册预习是一种粗略了解，了解目录、单元间关系等；单元预习是通读单元课文，了解单元学习的目标和重点；单篇预习的内容有生字词、作品、朗读等。小学生语文阅读课的预习内容，大多数是单元预习和单篇预习。

预习有两种形式：课前预习和课堂预习。

首先，学生完成预习作业进行课前预习，预习作业的设置呈现多样化。教师通过编写预习学案或导学提纲指导学生完成预习。顾克垣提出"导学提纲包括课前预习自测和课堂预习效果检测题等"。

其次，教师提出明确的预习方法指导学生的每次预习。也有教师进行"读—查—练—问—写"的预习指导。

最后，教师实施并探讨课堂预习。课堂预习可以改善不良预习态度，提高预习质量和效率，学生在课堂上通过交流合作进行预习，增强了学习动力。对课堂预习的策略研究较为丰富的是叶素英，她利用心理学的知识构筑了预习结构，"创设情境—初读感知—精要撷英—深思交流—自我评价"，并且她引用了元认知的知识，注重培养学生课堂预习的检查监控。

语文预习设计原则的制定至少需要符合两条基本要求，即科学性和有效性。这里所说的科学性一方面是指各种预习的设计原则之间一定要有内在的必然的联系，即存在规律性；另一方面指要语文预习设计必须实现不仅要有利于教师教，更要有益于学生学。而有效性是指所制定的原则，教师所设计的预习环节，必须是能够真正地运用到实践中指导教学的。据以上标准，语文预习设计中要遵循的三点原则，即针对性原则、多元性原则、可控性原则。针对性原则作为教学的重要环节，预习要根据预习目标、预习内容、预习主体的实际情况进行合理设计。

预习设计要针对预习目标。我们通常说目标可以分为长期和短期，预习目标也不例外。预习设计中的短期目标就是通过对一篇课文的预习，让学生在课前获得自己独特的感受和理解，并将自己阅读时产生的困惑，带到课堂与老师、同学共同分享、探讨。

预习的短期目标可以细分为以下两个方面：一方面预习的目的是让学生大致熟悉了解课文的基本内容，提前掌握部分可自行学习的知识点，以便提高课堂效率。另一方面就是在个性化阅读后往往可以发现自己的疑惑点，教师带着这些疑问备课，一定更能把握住教学的重点、难点；学生带着这些疑问听课，学习的目标也将更为明确。以上所述的短期预习目标与韩雪屏的阅读教学的观点不谋而合。韩雪屏曾指出："阅读教学的理想状态应该是学生带着课文和自己的初步理解与感受走向教师，向教师求教；而不应该是教师带着自己准备好地对课文的理解走向学生，把结果讲解给学生听。"学习语文不是为了成为一名解题高手，而是要与文中人物以及作者进行心灵的对话，而这种对话是依托于大胆的质疑，拥有自己独特的情感体验，获得自己的见解之上的。预习中唯有这样正确、科学地引导学生，才能最大限度激发出他们的学习兴趣和潜能。

预习的长期目标就是让学生养成独立思考的习惯，提高思维品质及语文品味，通过预习获得终身学习的能力。在正视个体差异的情况下，努力强化课前预习训练并加强学法指导，就是逐渐培养出学生自学能力的最有效的途径。

小学语文阅读课"三板一线"教学中的预习设计在以上理论的基础上，结合小学生的实际情况，确定了以下几个原则。

其一，阶段性原则。小学语文阅读课预习设计的对象必须针对低、中、高不同年段的学生进行分别设计。充分尊重学生个体发展的不同特点，根据不同年龄学生的认知能力和教学要求进行预习设计。

其二，精简性原则。小学生的课前预习量不可过多。应在国家规定的作业总量范围内作适当精简，太多不但会增加学生的作业量，而且会导致学生失去自学的兴趣。同时，作业的形式也尽量简易，操作方便。

其三，基础性原则。因为小学语文是基础中的基础，不能为了求新求异，为了追求所谓的探究性，设计"拔苗助长"式的预习内容。考虑到预习大部分是学生自学形式，因此，预习设计内容应该是学生能自身完成的任务。

其四，习得性原则。预习设计的内容应该充分考虑到学生长期习惯的养成和自学能力的培养。一是预习对所学内容的提前认知；二是长期形成的学习习惯和思维方式。

基于以上原则，我们提供了小学低、中、高三个年段，语文阅读课"三板一线"课前预习设计的三种样本。以供大家参考。

低年段"三板一线"课前预习设计
1. 在大人帮助下，认读课文生字词；
2. 朗读课文3-5遍（先慢指读，再快指读，后看书读）；
3. 不明白的地方用铅笔打个"？"号。

中年段"三板一线"课前预习设计
1. 在工具书帮助下，认读课文生字词；
2. 借助工具练写生字词，摘抄优美词句；
3. 朗读课文2遍，默读课文2遍；
4. 学习用铅笔标注文段，作批注，有疑问的地方作标注。

高年段"三板一线"课前预习设计
1. 借助网络，认读课文生字词，查阅课文相关资料；
2. 练习（毛笔/硬笔）听写生词；摘抄语句。
3. 朗读课文1遍，默读2遍；
4. 用铅笔在文中作批注，有疑问的地方作标注。

二、关于教师预备

备课，在传统教学思维中，教师大多把它等同于写教案，"有关调查表明，教师在备课的过程中，20%的精力用于钻研教材，了解学情，80%的精力用于书写教案，"甚至有些教师一直奉行拿别人的教案，自己只需"背教案"。这种以"背教案"作为备课主要内容的做法揭示了备课的低效率的原因，暴露了教师对备课方式的曲解。因此，在备课过程中出现的问题亟待解决。一直以来，教师在备课方面存在很多的问题，归结起来为：教学管理体制方面，以教案作为衡量教师是否备课的标准；备课的组织形式方面，教师都是进行的个人备课，缺少集体备课的沟通和交流；备课过程中，教师备课以教材和教参为权威，忽略了学生的实际情况；在教师的观念中，认为备课就是为了上课做的准备，最终的结果就是形成教案，把备课看作是一个静态的结果。这显然是把"备课"的概念局限在"备教案"上面。

这里所说的，教师课前预备与常规所说的"备课"有点不同。它是指教师在完成教学设计之后，到正式上课之前，需要预备的一些内容。当然，从广义上讲，它也是属于备课的范畴。那么，教师在课前预备方面应该注意些什么呢？我们认为如下几项是值得我们关注的。

1. 学情预测

在大部分常态课中，一线教师从备课到上课只有一次机会，没有像公开课、比赛课那样，有前面的几次试讲或者磨课。这样一来，就必须要求执教老师对学生的学习情况提前进行预测判断。对照教学设计和思路，在脑海中先进行推演。年轻教师甚至需要进行课前预演，即自己一人于无人处进行假想试讲，将自己的设计内容先从头到尾模拟一次；既扮演学生又扮演教师，这样的预备有利于自己对学情的提前把握；在碰到某些过渡语或者学生有其他问题的时候，能够及时补充和应变。

2. 预备检查

许多时候，听公开课时，往往发现这样的现象：上课之前，老师早早站在门口笑盈盈地迎接孩子们，一切看起来很美好。可才过一会儿，那位老师突然发现上课的课件无论如何也打不开。于是，画风突变，上课老师连忙急着寻找解决方法，精心准备了好久的一节课只好勉强往后推了。同样，在常态课中，这样的情况也时有发生。许多老师做好了设计，准备好了课件，就等着踏入教室"大展身手"，却无奈发现这样或者那样的小毛病。为了避免这样的情况发生，教师的课前预备可以大概作三方面的检查，不妨问问自己三个问题：其一，上课时间是否受影响？（学校有没有其他临时事务？学生前面参与什么活动？下节课是什么课？……）其二，上课设施是否正常？（教室黑板、多媒体、桌椅、风扇等）其三，上课用品是否备齐？（课件、作业、教具、资料等）前面两个问题是客观存在的，如果出现意外情况，只能临时调整。而这些都是影响一节课的主要环境因素。

3. 意外应对

课前预备还需要随时关注意外情况的出现，并及时做出调整。这种情况在学校工作当中是经常碰到的。本来已经做好了上课的准备，突然临时通知上课老师要开会，班级那边学生也已经准备好上语文课了。碰到这样的情况，教师要准备好常规的应对方案。比如，告诉课代表老师未到教室前先组织全班同学集体背诵，上课铃响老师未到，应该尽早联系班主任。当然，这样的意外情况不多。但是，如果面临的情况与备课时的设想不一样，提前预备的意义就显得十分重要了。

综上所述，语文教师在课前的预备和学生的课前预习具有同样的意义。一个是保证教学的正常进行，一个是保证学习的效果更好。

第三节 教学目标

一、课标要求与模式对应

小学语文阅读课"三板一线"教学模式教学目标的设计与课程标准息

息相关。2011版课标总体目标与内容阐述如下：①

课程目标从知识与能力、过程与方法、情感态度与价值观三个方面设计。三者相互渗透，融为一体。目标的设计着眼于语文素养的整体提高。

（1）在语文学习过程中，培养爱国主义、集体主义、社会主义思想道德和健康的审美情趣，发展个性，培养创新精神和合作精神，逐步形成积极的人生态度和正确的世界观、价值观。

（2）认识中华文化的丰厚博大，汲取民族文化智慧。关心当代文化生活，尊重多样文化，吸收人类优秀文化的营养，提高文化品位。

（3）培育热爱祖国语言文字的情感，增强学习语文的自信心，养成良好的语文学习习惯，初步掌握学习语文的基本方法。

（4）在发展语言能力的同时，发展思维能力，学习科学的思想方法，逐步养成实事求是、崇尚真知的科学态度。

（5）能主动进行探究性学习，激发想象力和创造潜能，在实践中学习和运用语文。

（6）学会汉语拼音。能说普通话。认识3500个左右常用汉字。能正确工整地书写汉字，并有一定的速度。

（7）具有独立阅读的能力，学会运用多种阅读方法。有较为丰富的积累和良好的语感，注重情感体验，发展感受和理解的能力。能阅读日常的书报杂志，能初步鉴赏文学作品，丰富自己的精神世界。能借助工具书阅读浅易文言文。背诵优秀诗文240篇（段）。九年课外阅读总量应在400万字以上。

（8）能具体明确、文从字顺地表达自己的见闻、体验和想法。能根据需要，运用常见的表达方式写作，发展书面语言运用能力。

（9）具有日常口语交际的基本能力，学会倾听、表达与交流，初步学会运用口头语言文明地进行人际沟通和社会交往。

---

① 资料引自：2011年版义务教育语文课程标准

（10）学会使用常用的语文工具书。初步具备搜集和处理信息的能力，积极尝试运用新技术和多种媒体学习语文。

中华人民共和国教育部 2011 年新修改的《义务教育语文课程标准》指出义务教育阶段的语文目标体系是由十条总目标和四部分阶段目标组成的。这十条总目标包含了语文素养的所有方面，第一至五条主要是围绕情感态度与价值观目标展开的，兼顾过程与方法、知识与技能目标。如第三条提出培养热爱祖国语言文字的情感、养成良好的语文学习习惯和掌握学习语文的基本方法等方面的发展目标，这些目标多具有过程性和指向性。第六至十条提出的发展目标主要是围绕语文的"知识与能力"等，其中也涉及了过程与方法、情感态度与价值观两个方面。知识与技能目标是媒介，它承载着过程与方法和情感态度与价值观两个维度的目标；过程与方法目标是桥梁，把知识与技能目标和情感态度与价值观目标沟通连接起来；而情感态度与价值观目标是课堂教学过程中知识与技能和过程与方法目标的提升。在这些总目标中，语文课程目标三个维度的要求是相互交融的，每个阶段都是根据儿童心理和语言发展的基本规律安排的，根据不同阶段特点有不同的目标表现，从"识字与写字""阅读""写作""口语交际"等不同学习方面提出教学目标，同时还要求"综合性学习"，每项目标之间都保持一定的梯度，循序渐进。

按照国家语文课程标准规定，根据我们解读的"阅读课"概念，这十项目标和内容均与阅读课息息相关。原因在上编的理论构建里面已经详细说明了。结合"三板一线"的语文教学理念，教学目标应该是这十项目标内容的具体与细化。无论以哪种形式出现，大范围均与这十项相关。把这十项内容进行简要分析，分别按照横向的"知识与能力、过程与方法、情感态度与价值观"和纵向的"积累、理解、运用"进行简单分类。横向是从语文素养的结构上面进行简单分类，纵向是从学习过程的迁移上面进行简单分类。然后进行结合，大家会大概发现一个崭新的视角。

2011版语文课程总体目标分类表

分类	知识与能力	过程与方法	情感态度与价值观
积累	学会汉语拼音。能说普通话。认识3500个左右常用汉字。	有较为丰富的积累和良好的语感。背诵优秀诗文240篇（段）。养成良好学习习惯，掌握学习语文的基本方法。课外阅读总量应在400万字以上。	认识中华文化的丰厚博大，汲取民族文化智慧。提高文化品位。逐步养成实事求是，崇尚真知的科学态度。
理解	具有独立阅读的能力。初步具备搜集和处理信息的能力。	发展语言能力的同时，发展思维能力，学习科学的思想方法。学会倾听、表达与交流。	培养主流思想道德和健康的审美情感，创新、合作精神，形成积极的世界观、价值观。热爱祖国语言文字，增强学习自信心，注重情感体验，发展感受和理解的能力。
运用	能正确工整地书写汉字，并有一定的速度。具有独立阅读的能力，能从字顺地表达自己的见闻、体验和想法。能根据需要，运用常见的表达方式写作，发展书面语言运用能力。具有日常口语交际的基本能力。	学会运用多种阅读方法。能初步理解、鉴赏文学作品。能阅读日常的书报杂志，能初步阅读浅易文言文。初步学会文明地进行人际沟通和社会交往。学会使用常用的语文工具书。积极尝试运用新技术和多种媒体学习语文。	能主动进行探究性学习，激发想象力和创造潜能，在实践中学习和运用语文。

114

特别需要说明的是，无论是"知识与技能、过程与方法、情感态度与价值观"，还是"积累、理解、运用"的分类，都不能从目标的整体上进行严格区分。因为语文素养是一种综合素养，是以"三维一体"的形式整体出现的。比如，朗读素养，从横向来看，它就同时具有文字知识、朗读能力（知识与能力）、朗读方法（过程与方法），以及领悟文字情感，形成价值观（情感态度与价值观）等多种维度；从纵向来看，它需要学习拼音、识字、标点等基础知识（积累），需要对朗读文字的内容与情感进行理解（理解），也需要在具体环境当中进行综合训练（运用）。因此，"三板一线"的分类目标：积累目标、理解目标、运用目标只是大体上将目标对应到了相应的板块。有些时候目标的实现需要贯穿到三个板块当中。只不过是板块的核心任务和在完整课时中担当的角色不同而已。

比如，第一学段是以"识字、写字"作为教学重点。那么，积累板块作为重点板块所用时间较长，理解和运用板块所用时间就较短。运用板块在这里就要担当着"练习写字、练习坐姿、写字检测、展示书写"等实践运用性的任务。

前面所说的朗读素养的目标。如果它不是作为教学重点，一般安排在"理解旨意"这一板块。但并不意味着前面的"积累语言"板块没有它的存在。只不过前一板块担当着朗读的准备阶段，为后面的朗读做好前期的积累：从生字、词的熟悉到难读句子的训练，从朗读层次的准确到流利等。

这张总体目标大体分类图的意义就是从宏观上奠定了"三板一线"教学目标的定位。如下图，如果一节课的目标包含在以下五大类型中，确定聚焦性目标是其中一个，那么其他四个皆作为基础性目标进行设计。当然，你也可以根据年段与学生实际情况设定其他适合的目标作为聚焦性目标。

至于确定哪个类型作为聚焦性目标要看具体课文和学生的实际需要。确定了"聚焦性目标"（一线），那么教学设计时，此目标所占的时间就要比其他基础性目标要多，并且在"三板"之间都有呼应安排。

2011版语文课程总体目标分类表

分类	知识与能力	过程与方法	情感态度与价值观
积累	学会汉语拼音，认识3500个左右常用字。**基础性目标**	有较为丰富的积累和良好的语感。背诵优秀诗文240篇(段)，养成良好学习习惯，掌握学习语文的基本方法。课外阅读总量应在400万字以上。	认识中华文化的丰厚博大，汲取民族文化智慧。做到实事求是，崇尚真知和科学态度。**基础性目标**
理解	具有独立阅读的能力。初步具备搜集和处理信息的能力。	发展语言能力，学习科学的思维能力，**基础性目标**	培养主流思想道德和健康的审美情趣、创新价值观。注重情感体验，热爱祖国，有自信心。**基础性目标**
运用	能正确工整地写汉字，并有一定的速度，能自己表达，运用语言的基本能力。**聚焦性目标**	学会运用多种阅读方法。能初步鉴赏文学作品。能借助工具书阅读浅显文言文。学会倾听、表达与交流。积极尝试运用新技术和多种媒体学习语文。**基础性目标**	能主动进行探究性学习，激发想象力和创造潜能，在实践中学习和运用语文。

116

二、普遍化目标确定法

普遍化目标确定法，也称为"快捷目标确定法"。这种目标确定最为简易，时间最快，也能保证大多数学生的学习需要。因为这种目标的确定直接依靠教材，把教材中的助读系统稍加提炼或者直接遵从课后练习题，便可确定该完整课时的教学目标。比如，以下几篇课文教学目标的快速确定。（注：加黑底色为"聚焦性目标"，作为"一线"）

第一学段：

《葡萄沟》【人教版统编本第三册教材】

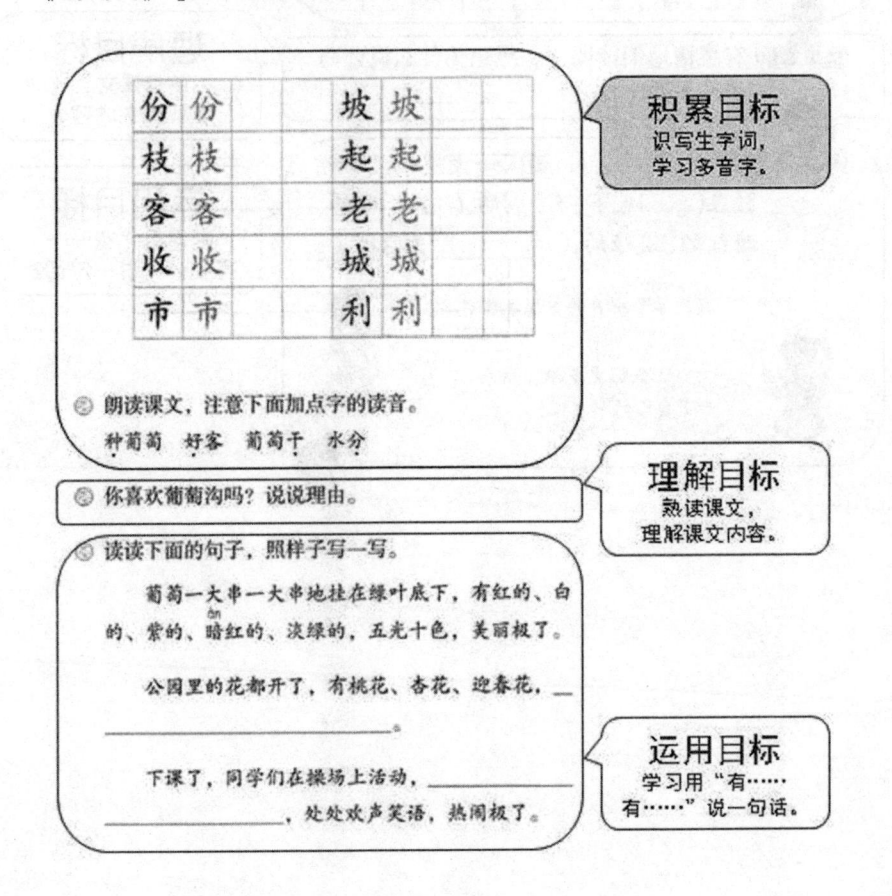

积累目标：识写生字词，学习多音字。

朗读课文，注意下面加点字的读音。
种葡萄　好客　葡萄干　水分

理解目标：熟读课文，理解课文内容。

你喜欢葡萄沟吗？说说理由。

读读下面的句子，照样子写一写。
　　葡萄一大串一大串地挂在绿叶底下，有红的、白的、紫的、暗红的、淡绿的，五光十色，美丽极了。
　　公园里的花都开了，有桃花、杏花、迎春花，_____。
　　下课了，同学们在操场上活动，_____，处处欢声笑语，热闹极了。

运用目标：学习用"有……有……"说一句话。

《葡萄沟》【人教版课标本第四册】

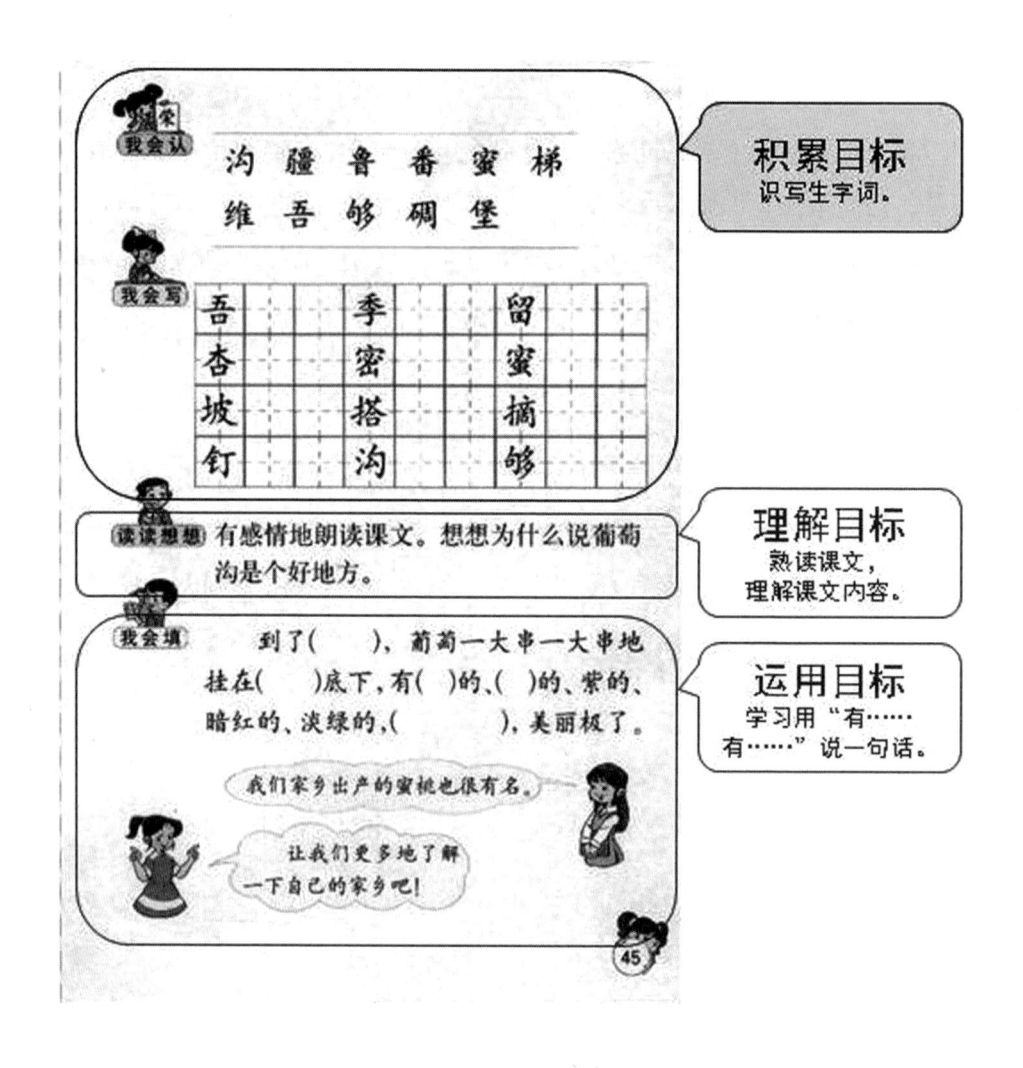

小学语文阅读课"三板一线"教学模式　>>>

积累目标
识写生字词。

我会认：沟 疆 鲁 番 蜜 梯 维 吾 够 碉 堡

我会写：

吾	季	留
杏	密	蜜
坡	搭	摘
钉	沟	够

理解目标
熟读课文，理解课文内容。

读读想想：有感情地朗读课文。想想为什么说葡萄沟是个好地方。

运用目标
学习用"有……有……"说一句话。

我会填：到了（　　），葡萄一大串一大串地挂在（　　）底下，有（　　）的、（　　）的、紫的、暗红的、淡绿的，（　　），美丽极了。

我们家乡出产的蜜桃也很有名。

让我们更多地了解一下自己的家乡吧！

45

118

《葡萄沟》【北师大版第五册】

积累目标
识写生字词，学习多音字。

理解目标
熟读课文，理解课文内容。

运用目标
随文练习口语表达。

第二学段

《女娲补天》【人教版课标本第六册】

塌 挣 熄 冶 炼

隆	塌	露	燃	熊	挣
熄	喷	缺	纯	冶	炼	盆

积累目标
识写生字词。

这个故事真神奇，我要多读几遍。

我来讲讲这个故事。

课文有一些生动的语句，我要抄下来。

理解目标
熟读课文，理解故事内容。

运用目标
运用生动的语句，讲述故事。

《女娲补天》【湘教版第七册】

疯 崩 塌 撑 轰 震 娲 炼 斩

1 默读课文。说说女娲是怎样补天的。

2 你还知道其他有关女娲的神话故事吗？找一找，看看，说给别人听。

积累目标
识写生字词。

理解目标
熟读课文，理解故事内容。

运用目标
拓展阅读，练习讲述故事。

第三学段：

《地震中的父与子》【人教版课标本第九册】——单元导读

第六组

我们在父母的爱中长大。父母的爱，是慈祥的笑容，是亲切的话语；是热情的鼓励，是严格的要求。在本组课文中，我们将看到父母之爱的一个个侧面，感受到父母之爱的深沉与宽广。

理解目标
理解课文内容，体会父母之爱。

认真阅读课文，把握主要内容，想一想作者是怎样通过外貌、语言和动作的描写表现父母之爱的。

运用目标
学习父母之爱的表达形式。

《地震中的父与子》【人教版课标本第九册】——课后习题

杉 矶 混 昔 墟 曼 爆 砾

杉 矶 混 昔 墟
曼 疾 爆 砾 砸 颤

积累目标
识写生字词。

1) 有感情地朗读课文。体会父亲在救助儿子的过程中心理有哪些变化。

2) 课文结尾为什么说这是一对"了不起的父与子"呢？从课文中找出相关的语句，和同学交流自己的看法。

3) 默读课文，提出不懂的问题和同学讨论。如：
(1) 他满脸灰尘，双眼布满血丝，衣服破烂不堪，到处都是血迹。(课文为什么要这样描写父亲的外貌呢？)
(2) "不论发生什么，我总会跟你在一起！"(课文中为什么反复出现类似的话？这样写有什么好处？)

理解目标
熟读课文，理解内容，研读句子表达方式。

小练笔 想象一下，阿曼达在废墟下会想些什么，说些什么呢？把你想到的写下来。

运用目标
随文小练笔。

121

《地震中的父与子》【语文S版第八册】

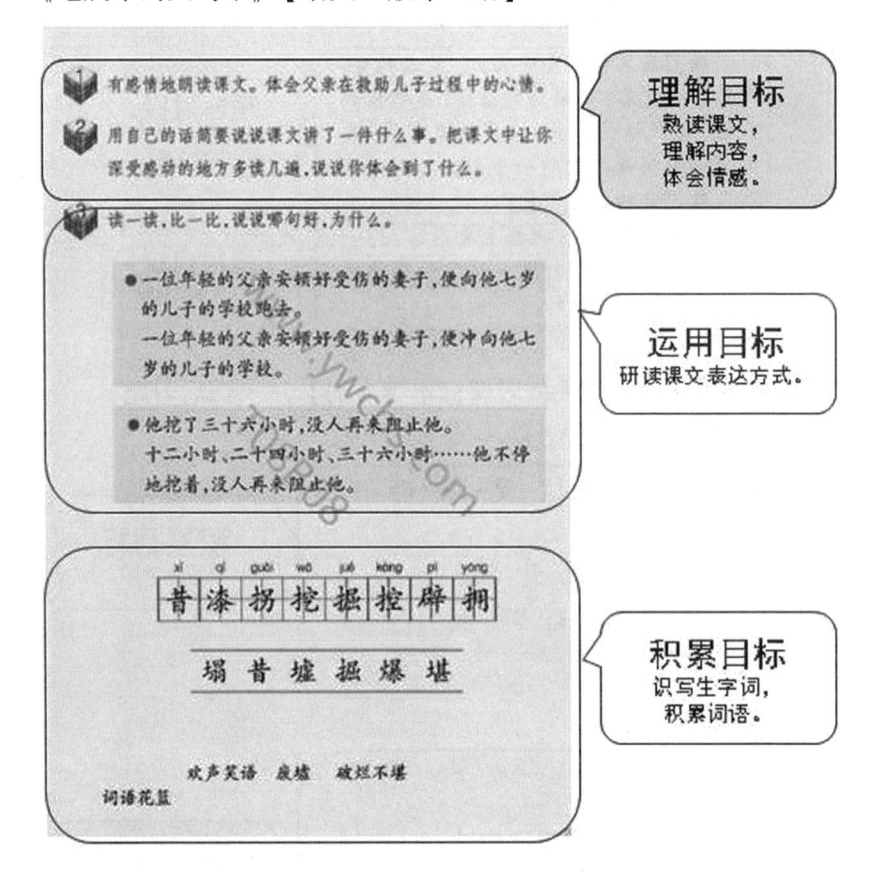

（图示内容）
- 有感情地朗读课文。体会父亲在救助儿子过程中的心情。
- 用自己的话简要说说课文讲了一件什么事。把课文中让你深受感动的地方多读几遍，说说你体会到了什么。

理解目标：熟读课文，理解内容，体会情感。

- 读一读，比一比，说说哪句好，为什么。
  - ●一位年轻的父亲安顿好受伤的妻子，便向他七岁的儿子的学校跑去。
  - 一位年轻的父亲安顿好受伤的妻子，便冲向他七岁的儿子的学校。
  - ●他挖了三十六小时，没人再来阻止他。
  - 十二小时，二十四小时、三十六小时……他不停地挖着，没人再来阻止他。

运用目标：研读课文表达方式。

昔 漆 拐 挖 掘 控 噼 拥
塌 昔 墟 掘 爆 堪

欢声笑语 废墟 破烂不堪
词语花篮

积累目标：识写生字词，积累词语。

以上是较为快捷的目标确定法，适合师范在校学生和年轻教师从教初期使用。能够完成这些基本目标，已经达成课程目标的基本要求了。当然，语文素养本身具有综合性、统一性，而各地学生原有学情又不尽相同，因而就需要个性定制的教学目标来补充。

三、个性化目标确定法

个性化目标需要结合课程标准、教材、学情三者来确定，而且对教师的教材解读能力提出了更高的要求。在阅读课"三板一线"教学中，如果教师需要为自己的学生量身定制个性化的目标，那就必须对语文三维目标的一些理论和系统提前理解，并结合具体情况才能准确制定。①

正如马扎诺所指出的那样，教学目标的体系应由三个层次，即总体目标、教育目标和教学具体目标所构成。在解读小学语文三维目标，并将之整合到"三板一线"中的时候，我们也不能单单从小学阶段来看，这样有可能会陷入静态的、孤立的、片面的境地，需要把它放在整个语文目标体系中来考查，用动态的、联系的、全面的眼光看问题。首先我们应该看到语文课程目标是整个教育目标体系的有机组成部分。如图31所示。

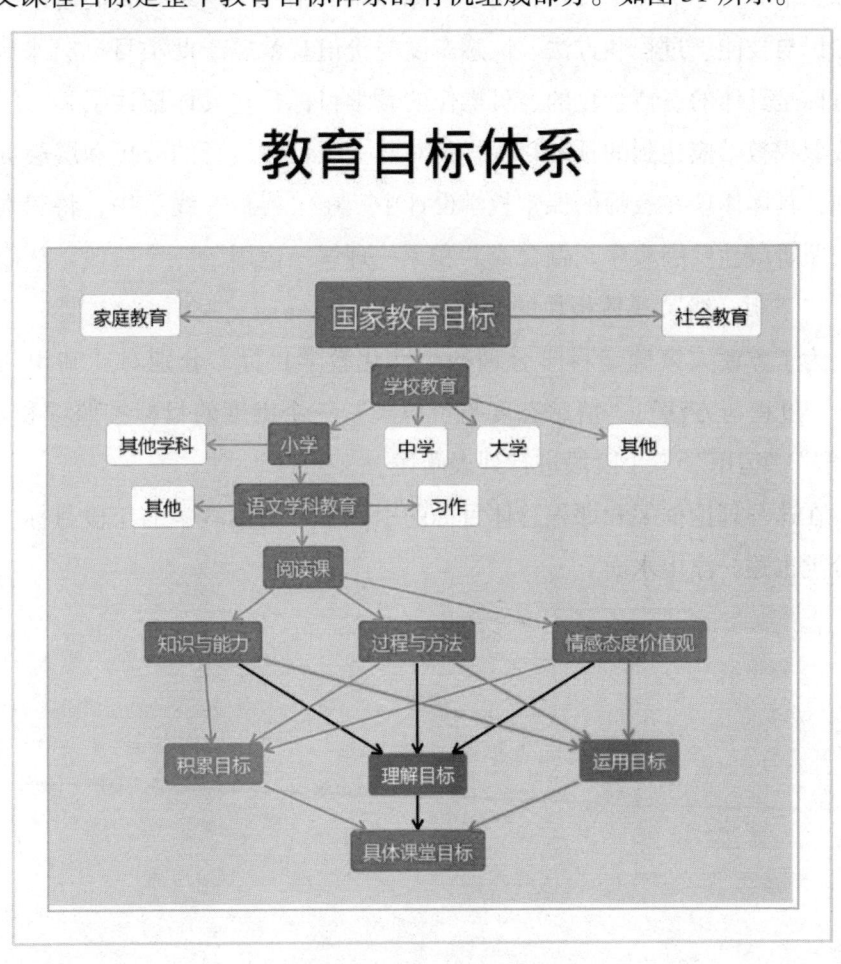

图31　教育目标体系组成

---

① 部分资料引自：张丹丹硕士论文《小学语文三维目标研究》，温州大学，2013年.

教育目标是含有方向性的总体目标和最高目标。它是一个国家人才培养的总目标，属于第一层级目标。培养目标是对各级各类学校的具体培养要求，它是根据教育目的制定的，属于第二层级目标。课程目标是指导整个课程编制的准则，具体体现为学科领域的课程标准。它依据具体的学科内容和学生成长阶段与情况，具体陈述某一门课程的预期目标。它是教育目标和培养目标的集中反映，属于目标体系的第三个层级。我们通常所说的知识与技能、过程和方法、情感态度与价值观就属于此类目标。课堂教学目标是具体的、情景化的、可操作的教学目标，它具体描述了某一门学科或课程教学应达到的预期目标，是对其上级目标进行的分析和层层贯彻实施，具体体现在教师的课堂教学设计中。在"三板一线"中，将三维目标按照阶段性发展顺序，融合成"积累—理解—运用"三个阶段。从而确定了"三板一线"具体板块的教学目标。

为了方便大家确定科学合理的个性化教学目标，分别对"知识与能力""过程与方法""情感态度与价值观"三个维度的目标按照"积累""理解""运用"三个阶段进行列表阐述。

在这一理论框架和课程总体目标的引领下，阅读教学的年段目标，大体分类也逐一浮出水面。

"三板"教学目标分级阐述

三维	阶段	各阶段的含义	所用的行为动词
知识与能力	积累	再认或回忆, 辨认事实或证据; 描述对象的基本特征;	说出、背诵、识别、比较、准、认识等;
	理解	把握内在逻辑联系; 进行解释、推断; 收集、整理信息等;	解释、理解、说明、判断、概括、分析、分、概括、收集、整理等;
	运用	在新的情境中使用抽象的概念、原则; 进行总结、推广; 建立不同情境下的合理联系等;	使用、运用、制作、拟定、设计、撰写、解决、写等; 掌握、计划、总结等;
过程与方法	积累	从事相关活动;	收集、经历、体验、参加、查阅等;
	理解	在经历基础上表达感受, 作出相应反应等;	体会、关注、注意、乐于、干、勇于、发展等;
	运用	在反思基础上交流、探究, 经历、反思等重新组织成新的结构;	探究、分享、交流、沟通、组织、合作、创新等;
情感态度与价值观	积累	有意识、有意愿地给予关注;	默许、依从和评估某一价值等; 反对、拒绝、采纳、支持、有兴趣、欣赏等;
	理解	喜欢或偏好一定的态度等;	认同、形成、养成、具有、克服、保持等;
	运用	对某一价值深信不移并身体力行;	树立、建立、坚持、确立等;

一、二年级阅读课目标分类细化表

分类	知识与能力	过程与方法	情感态度与价值观
积累	认识常用汉字1600个左右，其中800个左右会写。能读准声母、韵母、声调和整体认读音节。能准确地拼读音节，正确书写声母、韵母和音节。认识大写字母，熟记《汉语拼音字母表》。掌握汉字的基本笔画和常用的偏旁部首，能按笔顺规则用硬笔写字，注意间架结构。	结合上下文和生活实际了解课文中词句的意思，在阅读中积累词语。养成爱护图书的良好的写字习惯，未成爱护图书的习惯。积累自己喜欢的成语和格言警句，背诵优秀诗文50篇（段）。课外阅读总量不少于5万字。学说普通话，逐步养成讲普通话的习惯。	喜欢学习汉字，有主动识字、写字的愿望。与别人交谈，态度自然大方，有礼貌。
理解	学习用普通话正确、流利、有感情地朗读课文。认识课文中出现的常用的标点符号，感叹号、问号，句号所表达的不同语气。	写字姿势正确，书写规范、端正、整洁。学习默读，学习独立识字。努力了解课文的主要内容，并乐于与人讲述。能认真听别人讲话。	初步感受汉字的形体美。喜欢阅读，感受阅读的乐趣。诵读儿歌、儿童诗和浅近的古诗，展开想象，获得初步的情感体验，感受语言的优美。对周围事物有好奇心，能就感兴趣的内容提出问题，结合课内外阅读共同讨论。
运用	写自己想说的话，写想象中的事物，根据表达的需要，学习使用逗号、句号、问号、感叹号。听故事、看音像作品，能复述大意和自己感兴趣的情节。	能借助汉语拼音认读汉字，学习音序检字法检字查字典。借助阅读物中的图画阅读。在写作中乐于运用阅读和生活中学到的词语。能比较完整地讲述小故事，能简要讲述自己感兴趣的见闻。	阅读浅近的童话、寓言、故事，向往美好的情境，关心自然和生命，对感兴趣的人物和事件有自己的感受和想法，并乐于与人交流。有表达的自信心，敢于发表自己的意见，积极参加讨论。

126

三、四年级阅读课目标分类细化表

分类	知识与能力	过程与方法	情感态度与价值观
积累	累计认识常用汉字2500个左右，其中1600个左右会写。有初步的独立识字能力。能使用硬笔熟练地书写正楷字，做到规范、端正、整洁。用毛笔临摹正楷字帖。积累课文中的优美词语、精彩句段，以及在课外阅读和生活中获得的语言材料。能用普通话交谈。	会运用音序检字法和部首检字法查字典、词典，有良好的书写习惯，理解生词的意思。背诵优秀诗文50篇（段）。课外阅读总量不少于40万字。	对学习汉字有浓厚的兴趣，养成主动识字的习惯。诵读优秀诗文，注意在诵读过程中体验情感，展开想象，领悟诗文大意。
理解	用普通话正确、流利、有感情地朗读课文。能联系上下文，理解词句的意思，体会课文中关键词句表达情意的作用。体会文章表达的思想感情。能复述叙事性作品的大意。	初步学会默读，做到不出声，不指读。学略读，粗知文章大意。能对课文中不理解的地方提出疑问。与他人交流自己的阅读感受。在活动中学习语文，学会合作。	初步感受作品中生动的形象和优美的语言，关心作品中人物的命运和喜怒哀乐，学会认真请教，能就不理解的地方向他人请教，就不同的意见与人商讨。
运用	在理解语句的过程中，体会句号与逗号的不同用法，了解冒号、引号的一般用法。根据表达的需要，正确使用冒号、引号等标点符号。能清楚明白地讲述见闻，说出自己的感受和想法。讲述故事力求具体生动。	能不拘形式地写下自己的见闻，感受和想象，注意把内容写清楚。尝试在习作中运用自己平时积累的语言材料，习作中修改习作中有明显错误的词句。听了人说话能把握主要内容，并能简要转述。	养成读书看报的习惯，收藏图书资料，乐于与同学交流。

五、六年级阅读课目标分类细化表

分类	知识与能力	过程与方法	情感态度与价值观
积累	有较强的独立识字能力。累计认识常用汉字3000个左右，其中2500个左右会写。硬笔书写楷书，行款整齐，力求美观，有一定的速度。	写字姿势正确，有良好的书写习惯。默读有一定的速度，默读一般读物每分钟不少于300字。诵读优秀诗文，注意通过语调、韵律、节奏等体味作品的内容和情感。背诵优秀诗文60篇（段）。扩展阅读。课外阅读总量不少于100万字。	能用毛笔书写楷书，在书写中体会汉字的优美。养成观察周围事物的习惯，有意识地丰富自己的见闻，珍视个人的独特感受，积累习作素材。
理解	能用普通话正确、流利、有感情地朗读课文。在阅读中了解文章的表达顺序，体会作者的思想感情，初步领悟文章的基本表达方法。在理解课文的过程中，体会其表达效果，体会顿号与逗号、分号与句号的不同用法。	学习浏览，扩大知识面，根据需要搜集信息。能联系上下文和自己的积累，推想课文中有关词句的意思，辨别词语的感情色彩，体会其表达效果，初步了解查找资料、运用资料的基本方法。	阅读叙事性作品，了解事件梗概，能简单描述自己印象最深的场景、人物、细节，说出自己的喜爱、憎恶、崇敬、向往、同情等感受。阅读诗歌，大体把握诗意，想象诗歌描述的情境，体会作品的情感。受到优秀作品的感染和激励，向往和追求美好的理想。	懂得写作是为了自我表达和与人交流，与人交流能尊重和理解对方。
运用	能写简单的记实作文和想象作文，内容具体，感情真实。能根据文章内容表达的需要，分段表述。学写读书笔记。正确使用常用的标点符号。能用心、口、手并用说话认真，听人说话要转述，表达有条理，语调适当。能根据对象和场合，作简单的发言。	情等感受。阅读诗歌，大体把握诗意，想象诗歌描述的情境，体会作品的情感。受到优秀作品的感染和激励，向往和追求美好的理想。了解文章的基本说明方法。能从阅读的材料中找出有价值的信息。修改自己的习作，并主动与他人交换修改，做到语句通顺，行款正确，书写规范、整洁。	在交流和讨论中，敢于提出看法，作出自己的判断，乐于参与讨论，敢于发表自己的意见。注意语言美，抵制不文明的语言。

128

个性化目标的制定是为了方便语文教师针对自己班级学生特殊学习情况进行教学。设定时应该遵循课程标准，要根据学段与学生实际情况来制定。下面列举几个"三板一线"模式个性化目标确定的例子。

第一学段

版本：【人教版课标本】

年级：一（下）

课题：《10. 松鼠和松果》

原因：纠正班级学生朗读喜欢拖音的情况；

个性化目标设定：

一、二年级阅读课目标分类细化表

分类	知识与能力	过程与方法	情感态度与价值观
积累	认识常用汉字1600个左右，其中800个左右会写。《汉语拼音方案》，认识大写字母，熟记《汉语拼音字母表》。注意间架结构。 **基础性目标 认读生字词**	结合上下文和生活实际了解课文中词句的意思，在阅读中积累词语。努力养成良好的写字习惯，养成爱护图书的习惯。积累自己喜欢的成语和格言警句。背诵优秀诗文50篇（段）。课外阅读总量不少于5万字。学说普通话，逐步养成讲普通话的习惯。	喜欢学习汉字，有主动识字、写字的愿望。与别人交谈，态度自然大方，有礼貌。
理解	学习用普通话正确、流利、有感情地朗读课文。认识课文中出现的常用标点符号。在阅读中体会句号、问号、感叹号所表达的不同语气。	**聚焦性目标 注意用正确的速度有感情朗读课文。**	初步感受作品中生动的形象和优美的语言，关心作品中人物的命运和喜怒哀乐，与他人交流自己的感受。 **基础性目标 形成爱护环境的观念。** 诵读儿歌、童谣和浅近的古诗，展开想象，获得初步的情感体验，感受语言的优美。
运用	写字姿势正确，有良好的书写习惯。根据语言情境，学习正确运用标点符号。 **基础性目标 掌握正确"双姿"书写。**	能借助汉语拼音认读汉字，学会用音序检字法和部首检字法查字典。借助读物中的图画阅读。在写话中乐于运用阅读和生活中学到的词语。能较完整地讲述小故事，能简要讲述自己感兴趣的见闻。	阅读浅近的童话、寓言、故事，向往美好的情境，关心自然和生命，对感兴趣的人物和事件有自己的感受和想法，并乐于与人交流。有表达的自信心。积极参加讨论，敢于发表自己的意见。

第二学段

版本：【人教版课标本】

年级：三（下）

课题：《13. 和时间赛跑》

原因：班级大部分学生时间观念不强，学习爱拖拉；

个性化目标设定：

129

三、四年级阅读课目标分类细化表

分类	知识与能力	过程与方法	情感态度与价值观
积累	累计认识常用汉字2500个左右，其中1600...识字...楷...临摹...毛笔...生活中...材料。能用普通话交谈。**基础性目标 认读生字词 背诵优美句**	会运用音序检字法和部首检字法查字典、词典。写字姿势正确，有良好的书写习惯。能借助字典、词典和生活积累，理解生词的意义。背诵优秀诗文50篇（段）。课外阅读总量不少于40万字。	对学习汉字有浓厚的兴趣，养成主动识字的习惯。诵读优秀诗文，注意在诵读过程中体验情感，展开想象，领悟诗文大意。
理解	用普通话正确、流利、有感情地朗读课文。能联系上下文，理解词句的意思，体会课文中关键词句表达情意的作用。能初步把握文章的主要内容，体会文章表达的思想感情。能复述叙事性作品的大意。	初步学会默读。学习略读，粗知文章大意。学习对课文中不理解的地方提出疑问。乐于与他人交流自己的阅读感受。学习合作阅读讨论。**基础性目标 理解含义 深刻的句子**	初...语...衰地讨...**聚焦性目标 懂得时间的宝贵， 从而学会珍惜**
运用	在理解语句的过程中，体会句号与逗号的不同用法，了解冒号、引号的一般使用。根据表达的需要，正确使用冒号、引号等标点符号。能清楚明白地讲述见闻，说出自己的感受和想法。讲述故事力求具体生动。	能不拘...象...有新...自己的...鲜感受...作中运...显错误...并能简要...**基础性目标 搜集关于 时间的名句**	感受和想...养成读书看报的习惯，收藏图书资料，乐于与同学交流。

第三学段：

版本：【人教版课标本】

年级：六（上）

课题：《24*.金色的脚印》

原因：班级大部分学生需要学习阅读课外动物小说的方法。

个性化目标设定：

五、六年级阅读课目标分类细化表

分类	知识与能力	过程与方法	情感态度与价值观
积累	基础性目标 认识生字 理解生词	写字姿势正确，有良好的书写习惯。默读有一定的速度，默读一般读物每分钟不少于300字。诵读优秀诗文，注意通过语调、韵律、节奏等体味作品的内容和情感。背诵优秀诗文60篇（段）。扩展阅读面。课外阅读总量不少于100万字。	能用毛笔书写楷书，在书写中体会汉字的优美。养成留心观察周围事物的习惯，有意识地丰富自己的见闻，珍视个人的独特感受，积累习作素材。
理解	能用普通话正确、流利、有感情地朗读课文。在阅读中了解文章的表达顺序，体会作者的思想感情，初步领悟文章的基本表达方法。在理解课文的过程中，体会顿号与逗号、分号与句号的不同用法。	基础性目标 抓重点词句 理解内容	基础性目标 感受文中的 爱与和谐
运用	能写简单的记实作文和想象作文，内容具体，感情真实。能根据内容表达的需要，分段表述。学写读书笔记。根据表达需要，正确使用常用的标点符号。听人说话认真、耐心，能抓住要点，并能简要转述。表达有条理，语气、语调适当。能根据对象和场合，稍作准备，作简单的发言。	聚焦性目标 运用阅读策略 自读动物小说	在交流和讨论中，敢于提出看法，作出自己的判断。乐于参与讨论，敢于发表自己的意见。注意语言美，抵制不文明的语言。

无论是普遍化目标确定法，还是个性化目标确定法，两者都离不开对课程标准、语文素养体系、教材教法、学情的研读和准确把握。有时候，可以两者结合，有时候可以各自独立，有时候可以相互交叉。归根到底要视具体学生的学情而定。

第四节 "三板"是什么？

在前面的理论构建部分已阐述了"三板一线"的相关概念与理论基础，从中，我们知道"三板一线"教学模式中的"三板"指的教学板块以大、中、小三种类型从大到小进行排列，每种类型都分三个板块，形成了三大类型、三个板块排列的组合形式。如图32所示。

131

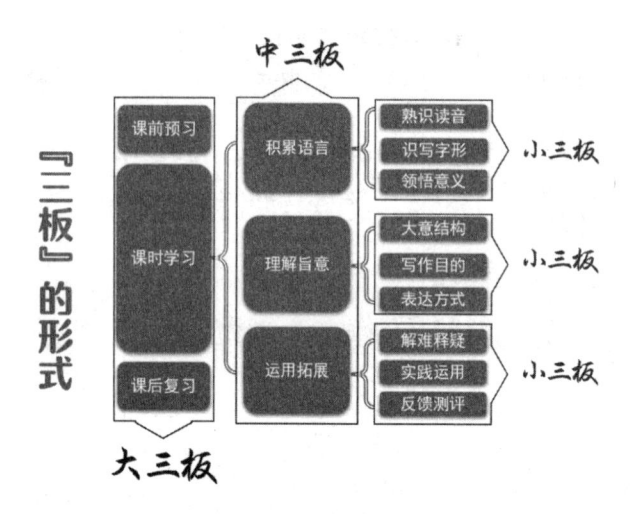

图32 "三板"的形式

本书下编的模式体系阐述按照"大三板"的顺序，整体进行。这一节我们重点阐述"中三板"和"小三板"具体的操作实例。阐述"中三板"时，我们按照目标性质的不同，分"基础性目标""聚焦性目标""三维目标"三方面对各板块教学任务进行具体阐述。也就是说，每个"中三板"中基础性目标任务、聚焦性目标任务和"三维"目标都有不同分配。这三个任务不是独立分开的，而是作为一个板块任务整体出现。"你中有我，我中有你"。有主有次，有轻有重。

因为这部分内容繁多，为使读者易于整体感知，特将阐述提纲罗列如下：

"三板"是什么——阐述提纲

1. 积累语言板块

（1）基础性目标中的语言积累任务。

第一学段

①识字教学法

②写字教学法

第二学段

①借助工具书理解词语

②联系生活实际理解词语

③联系上下文理解词语

④现场演示理解词语

第三学段

①与概括内容结合

②与单元积累结合

③与多重任务结合

④与诵读练习结合

（2）聚焦性目标中的"先学"任务。

（3）"三维"目标中的"积累"任务。

①知识与能力中的"接受"。

②过程与方法中的"经历"。

③情感态度与价值观中的"认知"。

2. 理解旨意板块

（1）基础性目标中的文本理解任务。

（2）聚焦性目标中的"后教"任务。

（3）"三维"目标中"理解"任务。

①知识与能力中的"理解"。

②）过程与方法中的"反思"。

③情感态度与价值观中的"反应"。

3. 运用拓展板块

（1）知识与能力中的"应用与综合"。

（2）过程与方法中的"探究与应用"。

（3）情感态度与价值观中的"认同与信奉"。

一、积累语言板块

这一板块从"基础性目标"语言学习的规律来看,主要是负责语言、语素的教学,负责语言积累的任务。"聚焦性目标"中这一板块负责"先学"的任务。同时担当着"三维"目标中第一阶段的教学任务。归纳起来,在"三板一线"教学中,语文阅读课"积累语言"板块的主要任务有如下三点。

(一)基础性目标中的语言积累任务

这是"积累语言"板块最为重要的核心任务,也是小学语文教学最为基础的部分。没有扎实的语言基础和语言积累,学生语文素养就如同空中楼阁,无根之木。"三板一线"把第一板块固定为"积累语言"是考虑到小学语文姓"小"的问题,是小学语文教学最大的特征。通常情况下,"积累语言"板块的教学任务是"熟识字音—识写字形—领悟意义"。此安排遵循字词"音—形—义"一脉相连的教学规律。字词教学是这一板块的主要内容,但并不仅限于此,它包含识字写字、积累词句、诵读储备、知识储备以及复习旧知等。其中识字写字,积累词句是固定的学习内容之一。"积累语言"所用的时间分配在三个学段当中不尽相同,第一学段最长,第二学段稍短,第三学段最短。教学任务有相同之处,也有不同之处。为避免重复,分年段进行说明时我们选择了不同的侧重点,安排如下:第一学段介绍"识字写字";第二学段介绍"词语理解";第三学段介绍"整体结合"。当然,这并不意味着侧重点外不能有其他任务。

第一学段

二年级语言学习单位以"句"为对象,那么作为基础的"积累语言"板块落脚点就应该放在"字词"上面。涉及"字、词"的相关知识储备,比如,字音学习——音节、音素、音位、元音、辅音、声母、韵母、声调、四呼,汉语拼音方案的用途、内容,普通话声韵配合规律、轻声、儿化、变调(音变现象)、停顿、重音、句调(语调)、主动拼读等。比如,字形学习——笔画、笔顺、结构、形态、书写双姿、含义、常用字识写、主动识字等。比如，词语学习——词语读写、词语归类、词语记忆、词语含义、词语感情色彩等。比如，常用词句的积累和背诵等。这些都是第一学段"积累语言"板块要教会学生的内容。其中，识字写字是第一学段的主要任务。《课标》规定整个小学阶段认识常用汉字3000个，其中2500个左右会写。而第一学段的识字任务是认识常用汉字1800个左右，其中1200个会写。识字量占小学阶段的60%，平均每学期大约要认识500个左右的汉字。所以，低段的识字写字教学尤为重要。在设计过程当中，我们应该注意"遵循规律，兴趣为先，形成习惯，多认少写"。教学法通常有以下几种：

【识字教学法】

1. 分类整合

认字规律遵循"整体认字—形象认字—整体认读—生活识字"的规律，因此，可采用在个别形象认字完成之后，进行一次归类整合识字。可按字的结构归类、偏旁归类、词性归类等。

比如，教授了"扌"——提手旁的寓意后，将所有提手旁的字集中在一起进行识字教学。

打扑扒扔抓抢护报抱拉抬
持捉捡摘抄扫提指拾挑挡
挂招披拥担把折技批扶扣
扩找扮拍拖挥按拼挤捏挖

再如，以下案例——

> 鄂教版一（上）《太阳的颜色》"三板一线"教学设计（片段）
>
> **教学目标：**
> 　　积累目标：会写"学、会、问、又、红、花、们"7个生字；会认"兔、色、想、知、道、绿、朵、黄"8个生字。
> **课时学习：**
> 　　一、积累语言
> 　　导入：孩子们五颜六色的衣服为谈话切入点，引发疑问，太阳公公是什么颜色的呢？出示"色"，再到词语"颜色"。再出示"的"，再出示"太阳的颜色"（板书）。
> 　1. 熟识读音
> 　　(1) 学生看课本，听老师读课文2遍。逐字认读。
> 　　(2) 老师采用复述课文的形式，读到相关生字词，就出示卡片让学生跟读。
> 　　(3) 归类识字词，分小组练习朗读。
> 　　　动物——"小白兔、小青蛙、小蜜蜂"
> 　　　植物——"树叶、花朵、稻穗"
> 　　　颜色——"红艳艳、绿油油、黄灿灿"
> 　　　动词——"知道、问、想、想了想"
> 　　(4) 全体再次朗读课文。

　　开始识字时，在积累字词的先后顺序方面，可以采用先认识"高频字"，然后逐步认识"常用字"，最后再过渡到认识"低频字"的方法。这样可以最大限度地减少教学时间，达到高效、实用的目的。那么常用的"高频字"有哪些呢？

　　5个高频字（这5个汉字的使用频率之和为10%），就是：

　　　　　一　是　我　的　了

　　17个高频字（这17个汉字的使用频率之和为20%），就是：

　　　　是的，有一个人上来到我们这时，他不在了。

　　42个高频汉字（出现的频率为30%），集中识字时建议编成字群：

地上

我出生在中国，他和你也是，

大家有时说，一个人不来的，

到这里就为了

要会得着她们，

自那年子以后……

2. 识记字形

有些记字方法是第一学段老师较常用到的，如下。

（1）基本字记忆字形。

独体字：加一笔、减一笔或合起来（日＋一＝目；目－一＝日；日＋月＝明）

合体字："十"——"叶""十"——"什""门"——"问"等；

（2）部首变化记字形。

例如："什"——"叶""吗"——"妈""问"——"间"等；

（3）象形特点记字形。

"山、石、田、土、井"观察实物都可以进行相似记忆，也可以借用古文字来学习汉字。汉字是象形文字，形象记忆往往最为直接。比如，借助多媒体课件，把生字与相关形象的图片放在一起，也有助于学生识字。

再如，一位女老师在教授学生"女"字的时候，直观采用了这样的方法——

(图片来源于网络)

（4）编故事识记字形。

这个方法在一、二年级很受学生喜爱，并且记得牢固。比如辨记"清""请""情""睛"等字形时，为避免混淆，有老师就采用了编故事记字形的方法。

开课伊始，先让学生来认读"三点水""虫子旁""竖心旁""言字旁""日字旁""目字旁"六个偏旁，比较了"日字旁"和"目字旁"的异同，然后开始给孩子们讲故事：有个小朋友叫小"青"。有一天，爸爸妈妈不在家，他一个人待在家里很寂寞，想出去找朋友。他找呀找呀，路上碰到了"三点水"，小"青"说："三点水，咱们做个好朋友，好吗？""三点水"说："好呀。"于是，他们手拉着手，变成了"清"，（板书：清）"清"说："你们知道吗？我是最干净的，因为有了'三点水'可把东西洗得干干净净，非常清洁。"（板书：清洁）

讲完了这个故事后，老师继续问："小青继续去找朋友，后来他找到了谁？他们之间又发生了什么事？小朋友们能学着老师的样儿编一编故事吗？我们来比一比，谁编的故事最有意思，能帮助大家记住这些字，谁就是我们班的故事大王。"

（5）生活识字。

初始学习识字时，可借助生活中实物识字。比如，在教室里贴上字卡，分类学习用品类、生活用品类、水果类、蔬菜类、植物类、动物类等。比如，自己动手制作姓名卡，互相认识同学姓名。比如，参观校园，小组认识校园里面的告示牌、标语等。

此外还有字理识字法等。

3. 识字游戏

游戏是儿童的天性，如能将游戏与识字结合在一起，会让学生的识字兴趣提高，而且效果明显。下面介绍几款一线教师常用的识字游戏。

游戏一："开火车"

设计意图：快速检测学生生字认识程度。

操作方法：教师或学生在前面出示生字卡片，可整体出现，也可单独出现。随机指定某一小组、某一行列按顺序依次识字并朗读，像一列火车依次穿过。

（图片来源于网络）

注意事项：开始前，编制固定口令，让学生进入准备状态。"火车"行进过程中其他学生负责倾听及评价，中途不要停下来，小组结束后，由其他同学反馈意见。可采用决赛形式，比准确度、比时间等。

游戏二："猜字谜、编字谜"

设计意图：巩固字形，深度记忆。

操作方法：教师初步教完生字后，出示难记的字谜。或让学生小组讨论出字谜考考其他同学。

比如，人我不分（打一字）。两层楼，六间房，两根烟囱一样长。（打一字）……

注意事项：字谜的字必须保证是已学过的，不可太难、太多。

游戏三："找朋友"

设计意图：检测音形对应、联字组词、字义填空等。

操作方法：教师在黑板、屏幕上出示拼音或汉字，学生要找到对应关系；这样的形式还可以运用到组词、选字填空、选词填空等。也可把两部分拆开，分到学生当中，让学生互相找到对方。

（图片来源于网络）

注意事项：参与的学生要有针对性选择，能够体现出班级学生大部分学习状况。操作性方面要考虑易于操作，时间需要进行有效控制。游戏过程重在发现问题，当堂反馈，应以鼓励性原则对待参与学生。

游戏四："摘苹果"

设计意图：检测集体读音，增强学习收获感。

操作方法：出示要学生学习的字词，"苹果"挂满树上谁能把它摘下呢？读对的同学能获得它。可指定学生，也可指定小组，也可随机抢答。也可让学生自己制作"生字苹果树"，让其他学生把认识的字摘走。同样形式还有"贴树皮"等游戏。

摘苹果

注意事项：参与的学生要有针对性选择，游戏过程重在发现问题，当堂反馈，应以鼓励性原则对待参与学生。培养识字兴趣，让学生有收获感是本游戏的主要功能。

游戏五："奇妙的口袋"

设计意图：复习识字并运用。

操作方法：准备漂亮布袋一个，硬字卡若干，实物若干。请一名学生伸手到口袋里摸一张字卡出来，读对了，大家跟着他读。念错了，下面小老师帮忙纠正。并用这个字组词或者说句话。如果摸出来的是实物，那么先说一遍实物的名字，然后全班听写。

注意事项：为提高效率，老师可走到学生中间。参与的学生要有针对性选择，游戏过程重在发现问题，当堂反馈，应以鼓励性原则对待参与学生。培养识字兴趣，让学生有期待感是本游戏的主要功能。

游戏六："词语接龙"

设计意图：积累词语，练习组词。

操作方法：老师出示第一个字，小组以传纸条的方式进行传递。第一个同学以这个字开头组词，后面同学依次用前面同学组词的最后一个字组词。全部完成后，集体反馈、评价。小组之间以准确度、时间进行竞赛。

注意事项：避免出现同音字现象，出现错别字时，也应该作为良好的教学素材，进行全班更正示范。检测书写正确度，增加词汇量，增强学生参与感是本游戏的主要功能。

【写字教学法】①

阅读课中的写字是学生练字的最经常的途径，低年级尤其要打好基础。人教版教材采用了"多认少写，认写分开"的编排策略，张田若先生认为这不仅是"减负"的需要，也是保证识字教学正常进行和提高写字教学的有效策略。"认写分开"虽然在一定程度上给学生对字形的识记与巩固造成一定的影响（部分要写的字不是本课所学的生字），但这是遵循写字规律的。因为从汉字书写教学法来说，汉字由十几种基本笔画组合而成，要能组合得好必须学好笔画、笔顺、间架结构，写字训练要按字形循序渐进；典型字形学会处理后，写什么字都可以写好，练字要精，要靠学生自己领悟。后几册中，大家也应该发现，教材中尽量实现"认写统一"，即要写的字就是本课中要求会认的字。"低段没有写字的课不是一堂好课"（柯孔标）。低段每一堂语文课中都要抽出几分钟时间进行写字教学，中高段也不能忽视难写字与形近字的指导、范写。在"三板一线"中，写字安排在"积累语言"板块中的第二环节：识写字形。

1. 低段语文课堂写字指导基本步骤

第一步：观察

（1）看字形。严格要求学生仔细观察字的笔画和结构，清晰地感知字形；通过分析、比较，准确地认知字形；注意字形特点及形近字的细微区别，牢固地记忆字形。同时，要记住字的笔顺，先写哪一笔，再写哪一笔（可随机让学生书写）。这样就不会在写字时出现"写一笔，看一笔"的现象。

（2）看范字。当学生记清字形后，要引导学生仔细观察范字在田字格里如何写好。先要看清字的布局、间架结构，再看清哪些笔画长，哪些笔画短，应该在什么位置。

提醒：学生观察时从整体到局部；抓住关键笔画（重点笔画与疑难笔

---

① 部分引自网络：符大忠，论文《小学语文写字教学的策略》，2013年．

画）

第二步：仿写

（1）范写。教师针对难字进行范写，强化指导。（一年级第一学期，要求教师基本上每一个字都进行范写。教师范写一个，学生描摹一个，随着年级的增高，教师对难写的字或有规律性的字进行范写，也可利用课件或范写强化某一部件。）

提醒：教师课前对要写的字进行认真分析、练写，给学生以真正的示范效果。

（2）描红。描要仔细、认真，力争做到手写心记，为仿写起到铺路搭桥的过渡作用。

提醒：先描课本中红色字，后面的田字格暂不写。

（3）仿写。写时要求学生集中注意力，看准田字格，不随便下笔。一旦下笔，力争一次就把字写正确，写端正，写整洁。在学生仿写时，教师要注意随时矫正学生的写字姿势、握笔方法、运笔情况，字的结构搭配等。

提醒：有能力的多写一个，因人而异，先慢后快，先质量后速度。仿写有困难的学生，可以让其在另外购买的大田字格上面仿写。格子大容易观察仔细，练习起来容易入手。

现行教材中识写生字通常设计如下图：

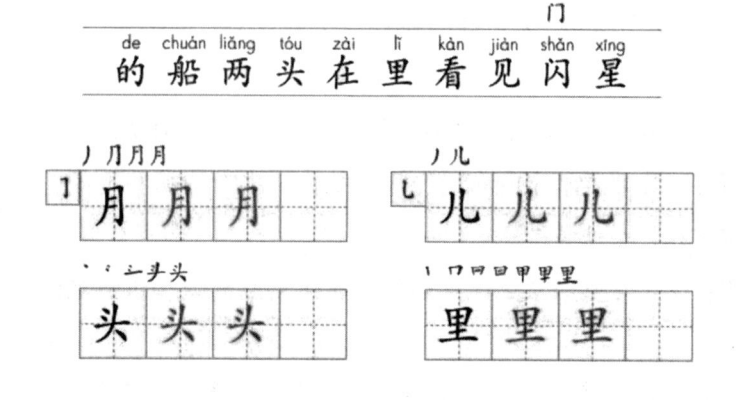

第三步：评价

评字是整个写字教学中至关重要的一步，是写字指导的延续和提高，但常常因为时间的关系被老师们所忽视。因此，在教学中，要充分调动学生的主观能动性开展自评、互评、点评，对多数学生存在的问题，在评价时要集体矫正；而个别问题应个别辅导，不能轻易放过，激发学生的写字兴趣。

（1）自评。这一环节最好是在学生仿写的过程中。当写好一个字后，随时和范字对照，找出不足之处，以便在写下一个字前加以改进。当然自评也可以在同桌或小组互评时，看着小伙伴们写的字，跟他们的作品对照，面对面地展开自评。这样可以增强孩子敢于发现自己缺点和不足的勇气，培养其诚实的品格，陶冶其情操。

（2）互评。在仿写后，积极组织学生互相评议，或在巡视中选取共性问题比较明显的几份作为例子集体评议。评议时，教师要给学生提供评价的标准及原则。如"书写是否正确，结构是否合理，主要的笔画是否突出，运笔是否到位，字面是否整洁，要善于发现别人的长处等。"当学生有了评价的准绳之后，评价就能有的放矢。在互评时，教师要鼓励学生善于发现别人的长处，学习借鉴，以便改进。

提醒：这一环节比较费时间，教师可选择性进行，比如对新学的偏旁部件重点关注，其他部件简单带过。形式上也可交叉进行，不必次次如此。

（3）点评。教师的点评往往起到关键作用。有时教师的一句点评可以增强学生写好字的信念。这就要求教师的点评要恰当准确，要善于捕捉孩子的闪光点；对孩子写得不足的地方，可以委婉地指出，帮助其改进。（形式：巡视中打上★，一句鼓励的话语等。）

第四步：改写

通过仿写、点评，学生进一步明确了写好这个字的关键所在，趁热打铁让学生再重新写一个，效果会很好，这一过程其实是学生写字再完善、再提高的过程。学生一旦养成认真细致的习惯，就会终身受益。（这个过程比较花时间，打好基础随着年级的增高就可以灵活筛减，如只选择个别难写的字进行指导，第二环节"仿写"改成学生尝试写等）

2. 重视写字姿势与写字习惯的养成

语文课程标准的"实施建议"中指出：写字教学要重视对学生写字姿势的指导，引导学生掌握基本的书写技能，养成良好的书写习惯。

由于学前没有进行规范的写字教学，很多小孩刚上小学时，书写姿势很不正确，有趴着的，有歪着脑袋的，低着头的，等等，而写字好坏的一个很关键问题就是写字姿势与习惯。正确的写字姿势，有利于把字写端正，而且还有利于学生身体的正常发育，有利于保护视力。很多老师为此编了很多儿歌口诀，如"手离笔尖一寸（还不到一寸），眼睛离本子一尺，身体离桌子一拳"——"三个一"，还有"身要正，肩要平，腿不动"等，这样的儿歌口诀学生易于接受，特别是对于上一年级的学生，准备写字前一边念儿歌一边坐端正，有利于养成习惯。教师一定要有耐心，等到全班学生都把心静下来，做好准备工作后再开始指导、练习写字，否则匆匆忙忙就没有效果。

（1）规范书写工具。为切实提高学生的书写质量，适当控制（低段）使用自动铅笔，合理限制使用圆珠笔和水笔。要适当控制学生使用修正液、橡皮等涂抹工具，从细心入手，培养学生认真的书写态度，引导学生专心书写，最大限度地降低写字的出错率，从而逐步使学生养成良好的写字习惯，提高学习效率。有经验的老师常在学期初的家长会中让家长明确写字方面的要求，如一年级备好六、七支铅笔，什么样的铅笔，怎么削，文具盒从长到短放铅笔，4B橡皮等。

（2）强调书写整洁。刚开始学写字时，有很多学生总是把本子擦得黑黑的、烂烂的，写一个字擦一下等。中、高年级会出现使用修正液、修正纸、修正条之类的现象，应严格控制。教师要多鼓励学生用心去写，有备而写，想好了再写，少涂涂改改。高年级还要注意提高学生的书写速度，为什么在考试时有的学生做不完试题呢？其中一个原因就是书写速度太慢。所以平时对写字速度要有一定要求，久而久之，写得慢的学生也会赶上来了。

第二学段

三、四年级语言学习单位以"段"为对象，那么作为基础的"积累语言"板块落脚点就应该放在"字词句"上面。涉及"字、词、句"的相关知识储备，除了常规字词以外，应该注重句子的积累与学习。比如，经典佳句的积累、诵读等；句子的构成，句子的感情色彩等。这些都是第二学段"积累语言"板块要教会学生的内容。其中，识字写字也是主要任务。在第二学段"积累语言"板块的设计过程当中，要以"反复呈现，随文识字，学习理解，培养自学"为教学理念。与第一学段不同的是，第二学段"积累"板块的教学任务有继续识字、写字；重视词义的理解；训练词语的运用；检查预习，养成预习习惯；进一步丰富词汇（读写）；背诵精彩的句子，熟读经典的段落。由于在前面我们已经详细介绍了识字写字的许多教学法，为了避免重复，第二学段的"积累语言"板块，我们侧重介绍"词语理解"的教学法，安排在"领悟意义"这一环节。"领悟意义"这一环节可采用的方法很多，这里列举几种常用方法。

①借助工具书理解词语。这种方法在平时教学当中经常用到，第二学段学生开始利用字典或其他工具尝试自己理解词语。在"积累板块"中，老师可以让学生现场学习查字典，理解词语意思，也可以让学生在预习当中完成，然后在这一板块检查预习情况。同时也可以提供已查到的解释，让学生选择正确的选项。

例如：《青蛙看海》中理解"善"的意义。

青蛙吸了口凉气说："我没有一双像你一样有力的翅膀，也没有四条善跑的长腿，怎么上得去呢？"

请选择文中"善"的意思：（1）善良，品质好；（2）擅长，能做好。

②联系生活实际理解词语。例如：《小鹰学飞》中理解"喘气"的意义。

"小鹰只好鼓起劲，跟着老鹰拼命向上飞。……小鹰急促地喘着气，对老鹰说：'现在……我总算……会飞吧？'"

教学片段：

师："孩子们，你们一口气爬上六楼的时候，是什么样的感觉？如果这时让你说话，你是怎么说的？"

生：应该会很累，说话上气不接下气的样子。

师：对了。你能给大家模仿一下这个动作吗？

生：（模仿得很像）

师：对，这就是急促地喘着气。

……

例如：人教课标版四年级下册第五课《中彩那天》理解"拮据"的意义。

第二次世界大战前，我们家六口人全靠父亲一人工作维持生计，生活很拮据。

教学片段：

师：谁在不查看工具书的情况下，猜猜这个词语的意思？

生：我猜可能是"吉利、吉祥"的意思。

师：我们再来读读这句话"我们家六口人全靠父亲一人工作维持生计"。结合你在电视或者身边看到的家庭情况，他们的生活可能会怎样呢？猜猜看。

生①：可能他父亲很厉害，一个人工作可以供6个人生活。

生②：我不同意，看不出来。可能他孩子连上学都没钱上，妈妈可能买件衣服都没钱。

（生发言）

师：总结一下，谁能不举具体的例子，概括地说？

生：我想，"拮据"就是生活很困难的意思。

……

例如：人教课标版四年级《白鹅》中理解"净角"的意义。

鹅的步调从容，大模大样的，颇像京剧里的净角出场。

教学片段：

师：谁知道"净角"是什么？

生1：应该是京剧里的一个角色。

师：你们见过"净角"吗？能具体说说"净角"的样子吗？

生2：我在电视里见过净角，都是由男子扮演，他也叫花脸，脸上的画面很夸张，色彩很浓重。

师：（点点头）你能结合生活体验来理解，非常好。

生3：我也在电视里看见过"净角"，走路大摇大摆，性格豪放。

生4：（紧接着）而且说话声音很大。

师：能给大家模仿一下净角的表情和动作吗？

（生4给大家模仿）

师：（赞许道）你们真棒，你们能联系生活经验来理解词语，你们的发言内容就是对"净角"最好的诠释。白鹅像净角出场的步态，你们喜欢吗？把你们的喜欢之情通过朗读传达出来。

（生齐读句子。）

……

③联系上下文理解词语。有些词语的理解，在文章当中就能找到相关的意义解释，只要学生能够学会联系上下文，展开解读，词语的意思自然就能明白了。

例如：苏教版四年级上册《九寨沟》中理解"异兽珍禽"的意义。

……

继续向纵深行进，四处林深叶茂，游人逐渐稀少。注意，这时你已经

149

走到珍稀动物经常出没的地区。也许，就在不远处，有一只体态粗壮的金丝猴，正攀吊在一棵大树上，眨巴着一对机灵的小眼睛向你窥视。也许，会有一群善于奔跑的羚羊突然窜出来，还没等你看清它们，又消失在前方的丛林中。也许，你的运气好，会在远处密密的竹丛中，发现一只憨态可掬的大熊猫，正若无其事地坐在那里咀嚼鲜嫩的竹叶。也许，你还会看见一只行动敏捷的小熊猫，从山坡跑下谷底，对着湖面美滋滋地照镜子。

雪峰插云，古木参天，平湖飞瀑，异兽珍禽……九寨沟真是个充满诗情画意的人间仙境啊！

教学片段：

师：这段文字中，还有哪些词语同学们不是很了解的？

生1：异兽珍禽

师：哪位同学可以帮帮他？

生2：我觉得这个词语大概的意思是有很多动物。

师：你说对了一半。我们联系上文来看看，都有哪些动物？找到的同学汇报一下。

师：你们认识这些动物吗？

生3：哦，对了，它们都是十分稀有珍贵的动物。

师：（转向生1）你现在明白这个词语的意思了吧，能说说吗？

生1：就是有许多稀有珍贵的动物。

师：对了。（鼓掌）有时候遇到不懂的词语，我们联系上下文多想想就能理解了。

例如：苏教版四年级上册《李时珍夜宿古寺》中理解"饥餐渴饮，晓行夜宿"的意义。

李时珍领着弟子庞宪，饥餐渴饮，晓行夜宿，在安徽、河南、湖北等地察访药材，已经走了好几个月了。

这天，他们来到湖北西部山区，因为一心赶路，错过了客店。眼看太阳渐渐下山，飞鸟归林，师徒俩不免焦急起来。这地方前不见村，后不着店，晚上到哪里住宿呢？

……

夜幕渐渐降临了，师徒俩找来些枯枝杂草，生起火来。庞宪用陶碗舀来泉水，煮沸后，两人便坐在火边，一边喝水一边啃干粮。李时珍笑着问徒弟："庞宪，觉得苦吗？"

教学片段：

师：在察访过程中，李时珍和他的弟子经历了哪些辛苦？请在课文当中找找看。

生：（找了许多地方，分别汇报）

生1：他们走了很久，很多时候都是白天走一天路，晚上随便找个地方就睡觉。课文上写着：他们来到湖北西部山区，因为一心赶路，错过了客店。眼看太阳渐渐下山，……

师：你觉得课文当中哪个词语可以代表你刚才说的辛苦？

生1：（找了一下，没发现）

生2：我觉得是"晓行夜宿"。

师：哦？你说说什么叫"晓行夜宿"？

生2：应该就是白天行路，夜晚随便找个地方睡觉。

师：对。那么前面的"饥餐渴饮"的意思，你能在文中找到相应的例子吗？

生2：我觉得文中这句：师徒俩找来些枯枝杂草，生起火来。庞宪用陶碗舀来泉水，煮沸后，两人便坐在火边，一边喝水一边啃干粮。……就是说明他们饿了就随便吃点东西，渴了就喝山泉水。

师：非常棒。

……

例如：人教课标版四年级上册《白鹅》中理解"三眼一板"的意义。

师：认真阅读第五自然段，思考白鹅吃哪几种食物？

（生读后纷纷举手，师指名让生回答。）

生1：鹅吃的是冷饭，它需要三样东西下饭：一样是水，一样是泥，一样是草。

师：谁能说说鹅吃饭的顺序？

生2：鹅是先吃一口冷饭，再喝一口水，然后再到别处去吃一口泥和草。

师：鹅吃的东西能少吗？顺序能打乱吗？这种吃饭方法就是文中的哪一个词语？

生：（齐答）三眼一板。

师："三眼一板"原来的说法是"一板三眼"，原指京剧里的一种板式，文中指什么？

生3：文中指做某种事不打乱顺序，譬如白鹅吃饭，它先吃了一口饭，倘若水放在远处，它一定从容不迫地大踏步走上前去，饮一口水，再大踏步走去吃泥、吃草，吃过泥和草再回来吃饭。文中用"三眼一板"形容鹅吃饭的刻板，不懂得变通。

……

④**现场演示理解词语**。有些词语无法用具体的语言形容清楚的时候，可尝试使用现场演示的方法，往往会收到意想不到的效果。可采用先教师示范，然后学生上台模仿的形式。也可以采用评价方式检测学生谁的理解正确，谁的演示正确。

例如：贾志敏老师的经典案例《推敲》。

师：我们的祖先真聪明，发明了火药、指明针等，对社会的发展起了推动作用。还发明了许多有趣的文字，比如上节课我们说的那个"木"字。(师板书，画"木")，一个人在树边上休息（写"休"）。再比如说，"步"，上面指鞋子，下面也是鞋子，两脚跨出去，不是一步吗？词也很有意思，"左右"（让生举左右手），"左右"又有了新的意思。再比如说"东西"，表示方向；两个字摆一起就变成了物件。(生读)

师：这是什么？生：书。

师：这是什么？生：粉笔。

师：我是东西吗？生：你不是东西。

师：变成骂人的话了。

师：中国的汉字很有意思。来看看这个词（板书：斟酌）。

师：大家仔细看好了，我的动作。（开始演示，拿出一瓶酒往杯子里倒）看到了吗？这叫"斟"。（拿起杯子放到嘴边尝）这叫"酌"。

师：这"斟酌"分别指倒酒和喝酒的意思，摆在一起也是这个意思吗？

生：应该不是。

师：那是什么？

生1：应该是考虑考虑的意思。

师：太聪明了。上到讲台老师有事情找你帮忙。

（演示：让学生推着老师走几步）

师：看到了吗，这叫"推"。大家拿手敲桌子。（学生敲桌）听到了吗？这就"敲"。

师：（板书推敲）。谁把课题读一读。（生读题。齐读课题）

师：理解什么叫"推敲"的举手？（大部分举起手）不明白的，看看这个故事。把书念一念。（师范读）

……

第三学段

五、六年级语言学习单位以"篇"为对象，那么作为基础的"积累语言"板块落脚点就应该放在"字、词、句、段"上面。涉及"字、词、句、段"的相关知识储备。除了常规字、词、句以外，应该注重段落的积累与学习。比如，经典段落的积累、诵读等。这些都是第三学段"积累语言"板块要教会学生的内容。其中，识字写字也是主要任务。在第三学段"积累语言"板块的设计过程当中，要以"整体呈现，串联积累。监测预习，加强自学。"为教学理念。与一、二学段不同的是，第三学段"积累"板块的教学任务有继续识字、写字；重视词义的理解；训练词语的运用；检查预习，养成预习习惯。进一步丰富词汇（读写）；背诵精彩的句子，熟读经典的段落。由于在前面我们已经详细介绍了识字写字的许多教学法，为了避免重复，第三学段的"积累语言"板块，我们侧重介绍"整体结合"的教学法。

第三学段"积累语言"板块所用时间最短，所以，一般情况下，会采用"整体结合法"。所谓"整体结合"就是把字词学习、语言积累和其他任务结合在一起进行。通常情况下，我们可以尝试使用以下几种形式。

①与概括内容结合。采用课文内容浓缩的形式，把要学习的生字词有意识地放到浓缩文段当中，在学会朗读生字词的同时，也对课文内容和结

构有所了解。

例如：人教课标版五（下）《21. 猴王出世》内容浓缩及生字词。

海外有国，名曰傲来国。国中有花果山，山顶上有一仙石，有二丈四尺围圆。天长地久遂有灵通之意，一日迸裂，产一石猴。

一朝，众猴顺涧边寻看源流，遇瀑而止，遂道："能进出无恙者愿拜之为王。"石猴瞑目蹲身，径跳入泉中。睁睛观看，里边有桥，桥下之水，冲贯于石窍之间倒挂流出。桥边乃是一座天造地设的家当，遂抽身跳出水外向众人详示。众猴听得，喜不自胜，连呼："大造化也。"

遂伸头缩颈，抓耳挠腮，都跳进去了。一番抢夺争占之后，众猴力倦神疲。石猴道："人而无信，不知其可。众人何不拜我为王？"众猴听说，即拱伏无违，序齿排班，礼拜"美猴王"。

素材使用说明：

a. 练习朗读，读准字音；

b. 反复练读，达到流利；

c. 教授方法，理解意思；

d. 对照段意，梳理结构。

通过学习以上文段，同时解决了"积累语言"板块中的"熟识读音"和"领悟意义"两大任务，又同时解决了下一板块"大意结构"环节的教学任务。

②与单元积累结合。例如：人教课标版四（下）《中彩那天》内容浓缩及单元日积月累相结合。

古人曾说过："真诚是一种心灵的开放。真诚与朴实是天才的宝贵品质。"二次世界大战期间，我们家生活很拮据。母亲常安慰家里人："一个人只要活得诚实，有信用，就等于有了一大笔财富。"父亲是技术精湛的技工，深得老板的器重。他梦寐以求的是能有一辆汽车。一天百货商店以抽奖的方式馈赠给父亲一辆奔驰汽车。只是看不出中彩带给他的喜悦。我闷闷不乐地回到家里，感到迷惑不解。母亲说，父亲正面临着一个道德难题：原来买彩票时，父亲帮库伯先生捎带了一张，正是那张中奖了。父亲内心经过激烈的斗争，最后决定把汽车还给库伯。孔子说：君子坦荡荡，小人常戚戚。毛泽东主席说：对人诚恳是不会失败的。父亲是一位坦荡荡的君子，他用自己的行为教育儿女诚恳待人，诚实守信永远不会失败。

素材使用说明：

a. 提前预习，上课检测；

b. 反复练读，理解词意；

c. 练习书写，填空检测；

d. 带着问题，进入课文。

③与多重任务结合

例如：于漪老师的经典课堂案例（初中）《晋祠》教学实录。

师：我们伟大祖国历史悠久，山川锦绣、名胜古迹星罗棋布，在世界上可以说是——

生（部分）：首屈一指。

师：首屈一指（竖起拇指）。现在请每位同学就你所知道的名胜古迹说一处，要求：一说清楚，二速度。我不一个一个叫名字了，请挨着次序讲下去。你先说（示意第一排一位学生）。

……

师：刚才我们花了不到两分钟的时间，把自己熟悉的名胜古迹初步检阅了一下，已经巍巍乎壮哉！我们祖国无处没有名胜古迹，真是美不胜收。我们祖国究竟有多少名胜古迹呢？我给你们介绍一本书，[出示书]大家看《中国名胜词典》。这本书里介绍的都是我国名胜古迹，我们今天要学的《晋祠》，这里也有介绍。"晋祠"，你们学过地理，"晋"是指什么地方？

生[部分]：山西省。

师：因此我们查这本词典的时候，在山西省部分可以查到。"晋祠"在这本词典的127页［翻到127页］，山西省太原市下的第一个条目就是"晋祠"［出示给学生看］。我们听写一下。为了节约时间，把"晋祠"修建的时间以及后来重建的时间略去。现在请同学们把笔记本拿出来听写。

（学生听写，在校对部分生字词的同时，理解意思。）

师：现在请同学们校对。我读一遍，不仅校对字，而且要校对标点符号，看看怎样点才正确。［师朗读，生校对］都对了吗？一字不错的有没有？举手。1、2、3、4［边数边扳手指］。错1到4个的有多少？［稍停，学生陆续举手］看来是绝大部分。校对好了以后，请同学们做一件工作：这里一共听写了5句，请你把每一句用阿拉伯数字标出来。［生标号］师：标好以后请你们用很快的速度把课文浏览一遍，把条目里介绍的有关内容和文章上的有关段落对应起来。［手势：两掌相对合拢］比如说，第一句"晋祠在山西太原市西南25公里悬瓮山下晋水发源处"，这是"1"，请你看看，与文章的第几自然段对应？

……

设计意图：将"熟识字音""识写字形""领悟意义"与课文结构结合在一块，同时，也为后面的核心教学任务打下基础。

④与诵读练习结合。例如：人教课标版六（上）《山中访友》"积累语言"板块。

清凉的山泉！你捧出一面明镜，是要我重新梳妆吗？

汩汩的溪流！你吟诵一首小诗，是邀我与你唱和吗？

飞流的瀑布！你雄浑的男高音多么有气势。

陡峭的悬崖！你高高的额头上仿佛刻满了智慧。

悠悠的白云！你洁白的身影，让天空变得更加湛蓝。

淘气的云雀，你们津津乐道的，是飞行中看到的好风景。

捡起一朵落花，我嗅到了大自然的芬芳清香；

拾起一片落叶，我看到了它蕴含的生命的奥秘；

捧起一块石头，我听见远古火山爆发的声浪。

雷阵雨来了，像有一千个侠客在天上吼叫，

雷阵雨来了，又像有一千个醉酒的诗人在云头吟咏。

素材使用说明：

a. 本课确定的基础性目标是有感情背诵课文精彩片段，聚焦性目标是领悟句子的表达方式；

b. 将课文中富有表达特点的句子全部归类起来，放在"积累语言"板块集中学习；

c. 在熟读字音的同时，可以检测生字词书写；

d. 练习背诵之后，可以观察这些句子共同的特点：事物＋想象。

（二）聚焦性目标中的"先学"任务

"三板一线"中的三个板块，对于聚焦性目标（教学重点）来说分别代表着"准备—教授—实践"三个阶段。因此，"积累语言"板块还另外附有为"一线"做好准备的任务。可根据"一线"目标的设定性质，分别在"熟识读音""识写字形"或"领悟意义"三个环节当中安排，作为呼应的"前呼"。具体如何设计，我们在后面的"一线是什么"当中具体阐述。

（三）"三维"目标中"积累"任务

"积累语言"板块同时担当着"三维"目标中第一阶段的教学任务，只是与其他任务一起整体完成的，不作为突出目标单列出来。加涅的学习结果分类、豪恩斯坦的教育目标整合模式、乔纳森的学习结果分类、布卢姆教育目标分类等西方教育研究者将"三维目标"的实现过程划分成几个层次。但是，教育教学通常情况下，目标的实现往往是以整体性的形象出现。科学研究上多个层次的划分无可厚非，而在教学实践中要做到完全细化似乎是不太现实的。过于碎片化会造成目标的不完整，不具有可操作性。于是，结合中国传统哲学思想，我们把"三维"目标的实现过程简单提炼成"积累—理解—运用"三个阶段。这样既遵循了教学原理，也大大方便了一线教师，增强可操作性。来看看"三维"目标三个阶段不同的实现程度。

"三维"教学目标分级阐述

三维/阶段	知识与能力	过程与方法	情感态度与价值观
积累	接受	经历	认知
理解	理解	反思	反应
运用	应用 综合	探究 应用	认同 信奉

这个表的主要意义在于处理"一线"教学任务时，在三大板块之间安排"呼应"环节时可用到。比如，聚焦性目标是属于"过程与方法"的，可在第一板块"积累"里面安排对应"经历"的教学内容，第二板块"理解"里面安排"反思"环节，最后的"运用"板块可安排探究和应用。这样一条线就沿着目标阶级有序展开了。从以上表格中我们知道，如果确定了某个目标作为"一线"，那么积累板块承担着"三维"目标教学中以下的任务。

1. 知识与能力中的"接受"

简单地讲接受就是承受，即心理上对事物容纳而不拒绝。它是个体适应外界事物的一种行为特征，是个体对对象的一种接纳、吸收和内化为自我的过程。从人的一生看，无论是在自我尚未产生之前的阶段，还是在自我产生之后自我与个体合二而一的阶段，接受所体现的都是个体在对象关系之中的被动地位。概括而言，接受既是发自个体身体的行为，是个体身体对待对象的态度，又是发自自我的行为。在小学语文的教学当中，接受就是对字、词语等实际存在的或是抽象的对象的一种识别、辨认，以及能够描述对象的基本特征、举出例子、进行回忆。

在"积累"板块中表现形式为对字和词语的识别、认识等。以小学语文三年级的一篇课文《花钟》的知识与技能的"积累"板块为例，教授的主要内容就是"认识课文的斗、艳、内等14个生字"。通过教师的教学，要准确掌握14个汉字的读音、结构及写法。让这些内容进入到学习者的头脑中，之后才能识别各个汉字，以便于认读和书写这些汉字。

2. 过程与方法中的"经历"

过程与方法目标作为体验性目标，一般指的是使学生在获得基础知识和基本技能的过程中学会学习的方法、培养各方面的能力。它强调让学生学会学习，主要包括学习人类生存发展中所不可或缺的过程与方法。这里的过程即为在应答性的学习环境中进行的交往、体验；这里的方法主要包括基本的学习方式（合作学习、自主学习、探究学习）和具体的学习方式（小组式学习、交往式学习、发现式学习等）。作为小学语文"三维"目标中的过程与方法目标，指的是在小学语文课堂教学中的体验过程。它包括学生经历的学习和思维活动，掌握的某些学习方法以及应用所学的知识解决学习、生活中的某些实际问题的能力。在小学语文的课堂学习过程中，学生需要体验到成功、快乐、困惑和痛苦等多种情感，需要在体验中积累知识和学习方法。过程与方法是小学语文课程目标的另一个主要方面。

"经历"作动词解是历时、体验的意思，作名词解是指经历过的事情。在小学语文的课堂教学中，我们将其定义为通过亲身从事某些相关的活动而拥有的一种感性认识，这种认识会在以后的生活中留下深刻的印象和抹不去的痕迹。它的表现形式可以是事实存在的某种事物、事件、物体等，也可以是抽象的一种感觉、想法或是感受、刺激等，可以说它的表现形式是多种多样的。在语文的教学过程中，经历主要体现为我们曾经收集到的东西，在课堂教学中学生与学生之间的交流，学生与教师之间的讨论沟通，或是我们曾经阅读的具体文字、查阅的资料和所参加的活动等。通常在第一板块中的处理方式是让学生再次体验一下之前的学习过程和方法。以此作为后面"过程与方法"目标学习的预备环节。

3. 情感态度与价值观中的"认知"

情感态度与价值观指教学不但应关注人的理性发展，更应致力于教育的终极目的，即学生人格的完善。这里的情感包括学习乐趣和责任义务，态度即积极向上的生活态度、实事求是的科学态度和宽厚待人的人生态度；价值观方面强调三个统一，即个人价值和社会价值的统一、科学价值和人文价值的统一及人类价值和自然价值的统一。这一目标第一阶段"积累"环节可以安排的内容是关于情感态度价值观的"认知"。

认知一般是指认识活动或过程，它包括信念、信念体系、思维和想象等。从心理学的角度看，认知是一个人对一件事或对象的认识和看法，对自己的看法、对人的想法、对环境的认识和对事的见解等。鉴于认知系统的复杂性特征，我们要从多个角度对其进行探讨，需要运用多种研究工具和方法，以便对认知系统进行全面多角度的综合研究。而在小学语文的教学过程中，我们定义认知是有意识的、有意愿地对所学的知识进行关注。认知的表现形式在小学语文教学活动中，首先是接受知识、认识知识和心理上接受知识，同时还要进行分类、储存、重建和概念的形成，然后再进行判断，对问题的解决做加工处理。

情感态度与价值观在第一板块中的展现方式在"三板一线"中较为重要。通常是以激发学生学习兴趣为主要，或提前做好情感铺垫等（即是课前导入）。这里列举几个"情感态度与价值观"在"三板一线"教学中"积累"板块的设计案例。

教学案例描述（片段一）

资料来源：	作者：金叶 来源：《新课程·小学》2015年第06期
所在课例：	人教课标版五年级上册《小桥流水人家》；
学习内容：	课前谈话，初步认知思乡之情；
出现位置：	"积累语言—熟识读音"之前；
教学形式：	聊天式交流；
教学实录：	师：同学们，待在学校想爸爸妈妈吗？（学生为住校生） 生：想，很想！ 师：想爸爸妈妈时你会怎么做？ 生：给爸爸妈妈打个电话告诉他们。 师：直接表达，豪爽！ 生：我会把爸爸妈妈的照片或者别的东西带在身边，想他们的时候就拿出来看看。 师：睹物思情，含蓄！ 生：我会回想爸爸妈妈平时爱我的事，想象他们就在我的身边。 师：回想往事，把思念藏在心里，内敛！ 生：我会给爸爸妈妈写封信，告诉他们我的思念。 师：写家书，你的办法真好，和诗人张籍一样，借事抒情。 原来想念一个人有这么多种方式啊，今天我是学到了。 ……
设计意图：	为后面的"情感态度与价值观"目标做好情感铺垫。

教学案例描述（片段二）

资料来源：	靳家彦老师
所在课例：	人教课标版三年级上册《陶罐和铁罐》；
学习内容：	课前谈话，消除师生陌生感，让学生乐于表达；
出现位置：	"积累语言—熟识读音"之前；
教学形式：	聊天式交流；
教学实录：	师：同学们，咱们以前上课是不是老师说"大家好"，然后同学们说"老师好"呀?(生答"是的") 师：咱们今天换一种问候方式，好吗?(生答"好") 师：同学们真精神！ 生：老师真精神！ 师：假如换个字，能让我听了更加高兴！ 生：老师更精神！师：同学们真可爱！生：老师更可爱!(笑声) 师：怎么了，觉得这句话怎么样？ 生：不太恰当。 师：是呀，那应该怎么说？ 生：老师更可亲、老师更风趣、老师更可敬、老师真和蔼,,,, 师：初次见面请同学们多多关照！ 生：初次见面请老师多多关照！ 师：是关照吗?还有没有其他词？ 生：指教。 师：哎，这就更恰当了。初次见面请同学们多多关照！ 生：初次见面请老师多多指教!(听课老师热烈鼓掌) 师：同学们，这就叫口语交际。下面我们开始上课。
设计意图：	为后面的"讲故事"展示目标做好兴趣铺垫。

教学案例描述（片段三）

资料来源：	陈升旭老师
所在课例：	人教课标版五年级下册第21课《猴王出世》
学习内容：	课前谈话，激发学生学习古白话文的兴趣
出现位置：	"积累语言—熟识读音"之前；
教学形式：	聊天式+模仿
教学实录：	师：今天陈老师想让同学们学古人用古白话文作自我介绍，谁来说说古人是如何作自我介绍的呢？ 生：古人通常说：在下叫XXX。 师：古人打招呼得先作揖，怎样叫作揖？男同学用左手抱住右手；女同学用右手抱住左手。那我来问你了。（指站立男生）请问阁下尊姓大名？ 生：免贵姓尹——（师指幻灯片提示语，生接着回答）小名伟锋。 师：哦，原来是尹先生，久仰，久仰，请坐。 （指旁边一女生） 师：请问这位姑娘尊姓大名？ 生（窃笑）：免贵姓梁，小名燕晴。 师：梁姑娘，这厢有礼了，请坐。 （生兴致勃勃，竞相抢答） 师：请问这位帅哥尊姓大名？ 生：免贵姓伍，单名——灏。 师：学会随机应变了。甚好，甚好。请坐。 师：请问这位"姐姐"尊姓芳名？ 生：免贵姓严，芳名——玲坚。 师：好一个聪明伶俐的女中豪杰啊，请坐。 师：同学们说说刚才用古白话文作的自我介绍跟我们现代文有什么不一样呢？ 生：嗯，古白话文听起来比较斯文。 师：对，比较文雅些。 生：用古白话文来讲，让人觉得很有礼貌。 师：对，让听的人感觉到受到尊重了。 生：古白话文比较简单。比如说，我们现代人问：你能不能告诉我你叫什么名字啊？用古白话文说就只需要"请问尊姓大名"六个字就可以了。 师：同学们都有一双火眼金睛啊，一眼就看出古白话文跟我们现代文的不同了。咱们看着大屏幕一起来合作表演一下吧。 • （幻灯片提示）
设计意图：	感受古白话文的魅力，激发学生学习古白话文的兴趣。

二、理解旨意板块

这一板块从"基础性目标"语言学习的规律来看，主要是负责语意的教学，负责文本理解的任务，"聚焦性目标"中这一板块负责"后教"的任务。同时担当着"三维"目标中第二阶段的教学任务。归纳起来，在"三板一线"教学中，语文阅读课"理解旨意"板块的主要任务有如下三点。

（一）基础性目标中的文本理解任务

关于文本解读的理论在前面已经详细阐述，这里主要是分年段进行案例说明。"理解旨意"作为第二板块，它包含"大意结构""写作目的"和"表达方式"三个主要环节。这部分是小学语文阅读课不可回避的，在当前课程体系下，语文教材的特点还是要以入选课文素材为主要阵地。也有人这样说：教材无非是个例子。但是这个例子的选择显然不是随便的。它肯定是经过编者认真考量，综合了多方面原因然后才确定的。所以，"三板一线"教学模式的教学素材充分尊重人教版（课标、统编）教材的选文。因此，"理解旨意"板块的三个环节必须作为基础性目标来完成。这三个环节所对应解决的问题，如图33所示。

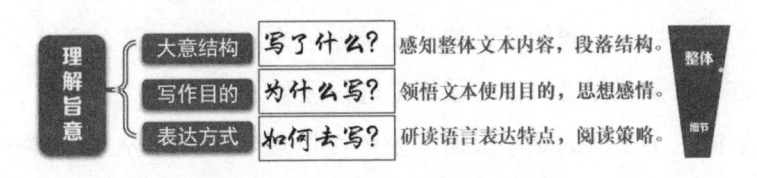

图33 "理解旨意"对应解决的问题

我们认为，理解文本至少需要理解它的三个层次才能称之为真正理解。

第一层次是文本的外在形式。它包含了文本组合结构，以及文本所表达的内容。比如，文本写了几段，每一段的内容是什么？整体文本的写作素材是什么？……这都是可看得见的部分，除了个别含义深刻的词句需要同伴或老师的指点外，学生大多能够通过自己的阅读和多次朗读掌握基本信息。但这仅仅是理解的浅层次，深层次的理解必须涉及文本看不见的部分。

第二层次是揣摩作者的写作目的。这一点在培养学生阅读意识方面有很深的意义。它需要阅读者不仅了解文字表面内容，还需要结合相关资料进行综合揣摩。比如，要了解作者本人基本情况，了解作者写作时的社会背景、写作背景等。因考虑到小学生的年龄特点，小学阶段大部分课文的写作目的都充满"正能量"。可能也正是这一点，给大多数老师和学生造成一种误解：课文的写作目的好像都是千篇一律，于是，也就有了近年来小学语文教学"重语用，轻情感"的呼声。这一现象导致了许多老师把揣摩作者写作目的当成了理解课文的思想感情。其实，教会学生揣摩作者写作目的是一项非常重要的阅读策略，也是语文阅读能力提高的有效途径。

第三层次是深度研究作者的表达方式。也就是现阶段经常听说的"言语形式"。那什么叫"表达方式"呢？常说的"表达方式"主要是指文章的写作方法，以及这种方法所表现出来的语言形式特点。就文章的写作方法而言，主要有记叙、说明、议论、描写、抒情等5种方法。其实表达方式与人的说话方式差不多，不同时代、不同地区、不同民族、不同人采用的说话方式都不完全相同，具有浓郁的个人和地方特点。与此同时，个人的书面表达方式在一定程度上会受到社会环境与时代背景的影响，从而形成固定的表达特点。我们所说的"文脉"就来源于此。那么通过文本来研读表达方式就是从深度研读的层面上进行理解了。

理解的三个层次的顺序根据"整体性原理"采用了从"整体—细节"的安排。第一层次是"整体读取信息"，第二层次是"整体领悟意图"，第三层次是"局部细节研读"。第一学段对文本的理解在于初步感知文本大意，通过朗读体现作者写作目的，在老师指导下发现个别句子的写作形式，属于简单的处理方式。所以第一学段"理解旨意"板块相对而言稍微简短些。第二学段对文本的理解放在大意内容的复述、概括，观察段落结构特点，初步学习揣摩作者写作目的，学会观察段落及句子的表达形式。第三学段不仅自学阅读文本内容，明白文本的思想感情是通过哪些文本特征体现出来的，还应研读文章的整体、段落和句子的表达形式与作者写作目的之间的关系。"理解旨意"板块需要在文本理解的三个层次上面作足功夫，这样才能让文本的理解不泛于表面。当然，也并非每节课都要在三个层次上面做深入理解，在特别需要的地方可以做相对简单处理。这些都需要视具体课堂、课文进行处理。

下面分别以三个学段课文作为案例，具体说明。

第一学段

二（下）《找春天》"理解旨意"备课表

课时学习		学习内容	教学形式	测评方式	备注
理解旨意	大意结构	1. 读课文，要求读正确，读流利。 2. 再读课文，要求读懂课文；理解课文内容。	1. 先跟读，后自由练习读。 2. 读后说说孩子们找到的春天是什么样的？ 每说一处，都练习朗读相关的句子。	口头反馈	板书
	写作目的	1. 研读相关的段落及句子，体会作者对春天的情感。 2. 有感情朗读课文。 3. 背诵优美句子。	你们觉得作者喜欢春天吗？<u>从哪些句子感受到的？</u>随机罗列相关句子： 小草从地下探出头来，那是春天的眉毛吧？ 早开的野花一朵两朵，那是春天的眼睛吧？ 树木吐出点点嫩芽，那是春天的音符吧？ 解冻的小溪叮叮咚咚，那是春天的琴声吧？ …… 1. 想象画面，读出感情，读好问号； 2. 同桌对读上下半句，加上动作； 3. 练习背诵，展示背诵。	找句子 口头反馈 朗读展示 背诵检测	PPT
	表达方式	领悟拟人＋比喻的表达句式。	读着这些优美的句子，春天就像一个可爱的小姑娘。 换个形式读，男女生分句对读，观察： <u>这些句子都有哪些共同的特点？</u> 解析句式： （拟人化），那是春天的____吧？		

注：加下画线为核心问题。

二（下）《找春天》"理解旨意"教学设计

课时学习：

一、积累语言，初识"春天"（25'）

1. 熟识读音（略）

2. 识写字形（略）

3. 领悟意义（略）

二、再读课文，寻找"春天"（15'）

1. 大意结构

（1）先跟读，后自由练习读。（要求读准备，流利）

（2）学生交流：孩子们找到的春天是什么样的？

（3）学生汇报（板书）

（4）再次朗读汇报的句子。

2. 写作目的

（1）你们觉得作者喜欢春天吗？（讨论）

（2）从哪些句子感受到的？随机罗列相关句子：

小草从地下探出头来，那是春天的眉毛吧？

早开的野花一朵两朵，那是春天的眼睛吧？

树木吐出点点嫩芽，那是春天的音符吧？

解冻的小溪叮叮咚咚，那是春天的琴声吧？

……

①想象画面，读出感情，读好问号；

②同桌对读上下半句，加上动作；

③练习背诵，展示背诵。

3. 表达方式

读着这些优美的句子，春天就像一个可爱的小姑娘。换个形式读，男女生分句对读，观察：

小草从地下探出头来，那是春天的眉毛吧？

早开的野花一朵两朵,那是春天的眼睛吧?

树木吐出点点嫩芽,那是春天的音符吧?

解冻的小溪叮叮咚咚,那是春天的琴声吧?

……

这些句子都有哪些共同的特点?

解析句式:

____(拟人化)____,那是春天的_____吧?(拟人化+比喻)

(师:原来这些优美的句子里面都藏着这些秘密。作者这样写很形象,能够让我们感觉到春天就像是一个可爱的小姑娘。当我们表达对春天的赞美或者喜爱时,也可以采用前面拟人化,后面是比喻的形式。)

第二学段

三(下)《燕子》"理解旨意"备课表

课时学习	学习内容	教学形式	测评方式	备注
大意结构	1. 正确流利朗读课文; 2. 理解课文大意; 3. 学习概括段落; 4. 学习梳理结构图;	1. 朗读课文,并思考:作者从哪几方面描写了燕子? 2. 梳理文章脉络,画出本课的思维导图。 燕子 3. 交流思维导图,说说作者抓住燕子哪些特点来写的?朗读好相关的句子。	口头回答 小组互相交流意见;朗读。	
理解旨意 写作目的	1. 领悟作者对燕子的喜爱; 2. 读出感情; 3. 背诵相关语段。	1. 带问题默读课文:从哪看出作者喜欢燕子? 2. 作批注。 3. 交流读后感想,并反复练习朗读,体现作者的喜欢。 4. 练习背诵优美的片段。 5. 检测背诵一: 　1)补充描写燕子动作的词。 　在微风中,在阳光中,燕子( )着身子在天空中( )过,唧唧地( )着,有的由这边的稻田一转眼( )到了那边的柳树下边;有的横( )过湖面,尾尖偶尔( )了一下水面,就看到波纹一圈一圈地荡漾开去。 　2)先口头填空读,后做动作表演读,逐渐删除文字,逐步练习背诵。	交流; 展示批注; 展示朗读; 背诵检测。	

续表

课时学习	学习内容	教学形式	测评方式	备注
理解旨意	表达方式	研读表现燕子外形、动作特点的句子，发现句子用词特点。	1. 对比诵读，<u>说说你发现了什么？</u> 1）课文第一段，抓住燕子的外形特点，运用优美的词汇写出了燕子的外形之美。 一身（ ）的羽毛，一对（ ）的翅膀，加上（ ）似的尾巴，凑成了（ ）的小燕子。 比较下面语段，读一读，看看有什么不一样。 小燕子披着一身乌黑光亮的羽毛，长着一对俊俏轻快的翅膀，加上剪刀似的尾巴，是多么活泼机灵！ 2. 补充句子，读读这些句子，你又发现了什么？ （ ）的草，（ ）的叶，（ ）的花，都像（ ）聚拢过来，形成了（ ）的春天。 （ ）的天空，电杆之间连着（ ）细线，多么像（ ）啊！ 停着的燕子成了（ ），谱出一支（ ）的赞歌。	背诵展示； 交流发现；	

注：加下画线为核心问题。

三（下）《燕子》"理解旨意"教学设计

课时学习：

一、积累语言（10'）

1. 熟识读音（略）

2. 识写字形（略）

3. 领悟意义（略）

二、理解旨意（20'）

1. 大意结构

（1）朗读课文，并思考：作者从哪几方面描写了燕子？

（2）梳理文章脉络，画出本课的思维导图。

燕子

交流思维导图，说说作者抓住燕子哪些特点来写的？朗读好相关的句子。

2. 写作目的

(1) 带问题默读课文：从哪看出作者喜欢燕子？

(2) 作批注。

(3) 交流读后感想，并反复练习朗读，体现作者的喜欢。

(4) 练习背诵优美的片段。

(5) 检测背诵：补充描写燕子动作的词。

在微风中，在阳光中，燕子（　　）着身子在天空中（　　）过，唧唧地（　　）着，有的由这边的稻田一转眼（　　）到了那边的柳树下边；有的横（　　）过湖面，尾尖偶尔（　　）了一下水面，就看到波纹一圈一圈地荡漾开去。

先口头填空读，后做动作表演读，逐渐删除文字，逐步练习背诵。

3. 表达方式

(1) 对比诵读，说说你发现了什么？

①课文第一段，抓住燕子的外形特点，运用优美的词汇写出了燕子的外形之美。

一身（　　）的羽毛，一对（　　）的翅膀，加上（　　）似的尾巴，凑成了（　　）的小燕子。

比较下面语段，读一读，看看有什么不一样。

小燕子披着一身乌黑光亮的羽毛，长着一对俊俏轻快的翅膀，加上剪刀似的尾巴，是多么活泼机灵！

(2) 补充句子，读读这些句子，你又发现了什么？

（　　）的草，（　　）的叶，（　　）的花，都像（　　）聚拢过来，形成了（　　）的春天。

（　　）的天空，电杆之间连着（　　）细线，多么像（　　）啊！停着的燕子成了（　　），谱出一支（　　）的赞歌。

第三学段

五（下）《*金色的鱼钩》"理解旨意"备课表

课时学习	学习内容	教学形式	测评方式	备注
理解旨意	大意结构	1. 课文叙述顺序； 2. 课文大意；	1. 快速默读课文，思考：**课文按照什么顺序写了什么事情？** 2. 读后讨论交流。 ① 课文写作顺序； ② 大概说说课文内容；	口头反馈 交流	
	感受老班长的形象；	1. 再次默读课文，说说<u>老班长给你留下什么印象</u>？采用人物概念图的方式概括。 （老班长） 2. 根据印象词，找出文章相关内容；	默读批注 完成概念图 寻找语句	
	体会老班长外貌描写的作用	1. 有些描写比较隐蔽，比如<u>外貌描写</u>，它对表现人物形象也有帮助。大家把它找出来研读一下。外貌描写的句子： (1) **炊事班长**快四十岁了，个儿挺高，背有点儿驼，四方脸，高颧骨，脸上布满皱纹，两鬓都斑白了。 (2) **老班**长看到这情况，收敛了笑容，眉头拧成疙瘩。 (3) 他瘦得只剩皮包骨头，眼睛深深地陷了下去。 2. 归纳总结：从(1)的这些外貌描写，可以看出老班长在长征途中的饱经风霜和长征的艰苦；从(2)的外貌描写，可以看出老班长为了几位战士能吃上好一点的东西，多么的尽职尽责，任劳任怨；从(3)中老班长的外貌，可以看出老班长忠于革命，舍己为人的崇高品质。	寻找句子 朗读 发现 口头交流	

注：加下画线为核心问题。

五（下）《﹡金色的鱼钩》"理解旨意"教学设计

课时学习：

一、积累语言（8'）

1. 熟识读音（略）

2. 识写字形（略）

3. 领悟意义（略）

二、理解旨意（15'）

1. 大意结构

（1）快速默读课文，思考：课文按照什么顺序写了什么事情？

（2）读后讨论交流。

①课文写作顺序；

②大概说说课文内容；

2. 写作目的

（1）再次默读课文，说说老班长给你留下什么印象？采用人物概念图的方式概括。

（2）根据印象词，找出文章相关内容。

3. 表达方式

有些描写比较隐秘，比如外貌描写，它对表现人物形象也有帮助。大家把它找出来研读一下。外貌描写的句子：

（1）炊事班长快四十岁了，个儿挺高，背有点儿驼，四方脸，高颧骨，脸上布满皱纹，两鬓都斑白了。

（2）老班长看到这情况，收敛了笑容，眉头拧成疙瘩。

（3）他瘦得只剩皮包骨头，眼睛深深地陷了下去。

归纳总结：

师：从（1）的这些外貌描写，可以看出老班长在长征途中的饱经风霜和长征的艰苦；从（2）的外貌描写，可以看出老班长为了几位战士能吃上好一点的东西，多么的尽职尽责，任劳任怨；从（3）中老班长的外貌，可以看出老班长忠于革命，舍己为人的崇高品质。

（二）聚焦性目标中的"后教"任务

"三板一线"中"理解旨意"板块，对于聚焦性目标（教学重点）来说代表着"教授"阶段。可根据"一线"目标的设定性质，分别在"大意结构""写作目的"或"表达方式"三个环节当中恰当安排与此有关联的教学任务。可单独出现，也可采用与其他任务相结合的方式出现。具体如何设计，我们在后面的"一线是什么"当中具体阐述。

（三）"三维"目标中"理解"任务

"理解旨意"板块同时担当着"三维"目标中第二阶段的教学任务，大部分情况是与其他目标一起整体完成的。

"三维"教学目标分级阐述

三维/阶段	知识与能力	过程与方法	情感态度与价值观
积累	接受	经历	认知
理解	理解	反思	反应
运用	应用 综合	探究 应用	认同 信奉

处理"三维"目标教学任务时，从以上表格中我们知道，"理解旨意"板块对应的是第二阶段"理解"。它承担的是知识与能力的理解阶段，过程与方法的反思阶段，情感态度与价值观的反应阶段。

1. 知识与能力中的"理解"

总的来说，理解有顺着脉理或条理进行剖析，从道理上了解的意思。在语文教学目标中，理解有着独特的内涵。它要求我们在学习的过程中对已接收到的知识要进行收集、整理，对接收的信息要进行扩展和区分。同时也要求我们对已有的知识建立联系，并把握好知识与知识之间的内在的联系。在语文教学过程中，理解也有它自己独特的表现形式。主要包括以下几个方面，首先是对接收到的知识进行收集和整理，其次进行解释、说明、区分、判断，进而去概括或概述。

以小学二年级为例，要求学生理解"匪夷所思"的意思。说到对"匪夷所思"这个成语的理解，首先要能够知道每个字在这个词语当中的意义，在接受阶段我们已经能够准确地把握每个字的读音、意义。在这个阶段就需要对掌握的知识进行分门别类的整理，找到"匪夷所思"中所提到的意义。然后再结合特定的语境进行分析。如"匪"在成语当中表示惊讶，让人难以置信的意义，如果结合前后文或前后词语去理解说明，就是很难让人想象、不容易想到的意思，至此我们对这个词语的理解才算完成。

2. 过程与方法中的"反思"

反思是回头或反过来进行思考的意思。它是近代西方哲学中广泛使用的概念之一。原意指光的反射，作为哲学概念是借用光反射的间接性意义，来意指不同于直接认识的间接认识。在小学语文的教学过程中，反思是指对已经历的知识进行整合和归纳总结，进而做出情感上的判断或表达自己的感受。在经历的基础上，去主动关注该事件的发生，注意类似问题的出现，并且对其做出自己的判断，形成自己的体会。勇于发展和超越，对于所掌握的知识，不仅要知其然，还要知其所以然，达到能够指导学生在学习过程中的一些经历，让他们更好地理解知识，更快地明了知识所包含的意义，同时也能够找出我们自身的不足。

以《灰雀》一文做例子，在经历了与列宁的谈话过程，并体验了小男孩当时的感受之后，我们要进行反思，反思列宁知道他是个诚实的孩子，然后讨论灰雀无故消失又失而复得的原因等。

3. 情感态度与价值观中的"反应"

反应的含义有两个：①事情所引起的意见、态度或行为。②有机体受到体内或体外的刺激引起的相应的活动。在语文基础教学过程中，反应主要指的是一种心理层面的活动，是对所认知的事物或者是心理活动的一种反映，它要让学生对所认知的情感等有一个正确的认识，赞同所认知的内容，并学会单独评估某一价值。反应的表现形式主要以心理层面的反映为主，表现为对所认知的内容是支持的或是反对的，是接受、采纳还是拒绝等。

以义务教育课程标准实验教材三年级上册的一首诗《乞巧》为例，反应这个水平层次就是要欣赏这首诗，对这首诗所表达的感情做出反应，能感同身受等。

三、运用拓展板块

这一板块主要用于"聚焦性目标"，所以，这一板块的主要功能就是为留出足够时间解决教学重点的运用实践和拓展问题。是"一线"中的最后总结评价。"运用拓展"作为第三板块，它包含"解难释疑""实践运用"和"反馈测评"三个主要环节。在聚焦性目标中，它主要承担着语言实践的反馈、展示、检测以及实践任务。"解难释疑"环节是教师对即将要进行训练或展示的内容进行解释说明，让学生在实践开始前有知识技能或者活动方案的预设。"实践运用"环节是学生进入实践操作或运用知识技能解决对应问题的练习。"反馈测评"是对刚才的练习结果进行现场测评、反馈或者学生生成性作品的展示等。如图34所示。

聚焦性目标的选择通常情况是按照知识与能力、过程与

图34 运用拓展板块

方法、情感态度与价值观进行聚焦性选择的。它与基础性目标不同，具有独立性、针对性。在前两个板块当中，也许"三维"目标是结合进行的，但在这里，必须是有针对性的训练。也就是说，把什么内容确定为"一线"，那么"运用拓展"板块就要对什么内容进行实践运用和拓展。那么

"三维"目标当中作为掌握的标准是什么呢？简单来说，就是学会知识与技能，掌握过程与方法，培养情感态度和价值观。往理论高度上讲就涉及前面这张表了。

"三维"教学目标分级阐述

三维/阶段	知识与能力	过程与方法	情感态度与价值观
积累	接受	经历	认知
理解	理解	反思	反应
运用	应用 综合	探究 应用	认同 信奉

（一）知识与能力中的"应用与综合"

应用就是适用需要，以供使用。在小学语文的教学过程中，在特定的环境中使用一些我们已经了解的知识，将这些抽象的概念运用到具体的教学环境中，这个就是应用的基本含义。应用的表现形式多种多样，但是关于能否应用及如何应用却没有一个准确的说法。在语文学习过程中，我们这样对应用进行区分：首先，在熟悉的基础上能够有所了解；其次由熟知再到灵活的掌握；最后将其和具体的情境相结合。也就是，在接受和理解的基础上，将新知识迁移到新的类似的语言环境当中即为运用。在运用的过程中，我们也可以自我制定一些相似的条件、拟定相同或类似的事物使用。

比如，义务教育阶段语文课程标准中要求学习者在小学一、二年级学会用词语造句，或者是能看图写一到几句话。《黄山奇石》一课出现了"闻名中外的黄山风景区在我国安徽省南部"。教师就让学生用"闻名中外"造句。假设接受和了解的前提下，学生已经知道了这个词语的意思以及这个词语所处的语言环境等构成元素，那么他们就可以很灵活地应用了，比如说"闻名中外的长城在我国的首都北京"。"姚晨是闻名中外的电影明星"。从这些句子可以看出，学生确实理解了"闻名中外"这个成语的意思，并把它自觉运用到类似的语言环境当中。

"综合"一词来源于纺织技术。因此，"综合"可以引申为将不同部分、不同事物的属性合并成为一个整体来对待。在语文教学过程中，借用心理学的定义，综合是在头脑中把事物的各个部分、各个属性组合起来，形成一个整体的过程。它把那些抽象的或者具体的词语、句子，以及语言环境等其他构成要素进行融解整合，使之成为一个新的整体。不管是在构成这个有意义整体之前，还是在构成有意义的整体之后，每个构成要素都是一个单独的个体，都有自己的意义。综合是与"分析"相对，是思维把事物的各个部分联结成一个整体加以考察的方法。在辩证逻辑中，分析和综合不只是认识过程中相互联系的两个因素，而且还能统一成一种思维方法。所以在语文的教学过程中，综合的表现形式多以掌握一个完整的意思、明确的总体计划或是思想上的升华和情节上的安排，去解决某些问题，或总结归纳所要表达的含义为主。

例如，在小学三年级上册的课文《风筝》中，在明确了解字、词语以及每个句子所要表达的意思后，我们需要知道作者这样安排的用意是什么，需要整体感知作者想要向我们表达哪些想法。在《风筝》一文中，达到综合水平的目标意味着，唤起学生们的情感体验，引起共鸣：童年是五彩缤纷的，既有欢声笑语，也有滴滴泪水。既有高兴又有忧愁，这才是我们的童年，是多姿多彩的模样。

（二）过程与方法中的"探究与应用"

探究即为探索研究。在学习中探究亦称发现学习，它是指在学习情境中，学生通过观察、阅读等方式发现问题、搜集数据，进而进行交流、体验等。在小学语文的学习过程中，我们定义探究是在反思的基础上探求本质、交流检验之意。反思事情的不足之处和原因后，还要对反思的这种成果进行交流分享，然后进一步探讨其中真正的内涵和本质原因。在语文课堂教学情境中，探究有两种表现形式：一种是师生之间的探究，一种是生生之间的探究。师生探究不是简单的教学授受，而是在平等基础上的相互沟通交流。生生探究是教师指导下的小组互助合作的探究方式。

以人教版课文《灰雀》为例，学习了解了列宁与小男孩谈话的过程只是表象。我们学习课文的真正目标是要了解列宁和小男孩是什么样的人，他们有什么样的品质，这就需要教师引导学生一起进行探究交流了。

在小学语文的学习过程中，创造是在探究的基础上的回应，这种回应将种种要素融合在一起，变成一种自己的见解或认识，即在原来经历、反思的基础上又能摆脱其中的无形的限制，形成另外的一种新的想法、新的认知。在小学语文课堂教学中，创造是在经历、反思和探究的基础上，把探究的知识进行重新组合，使各种知识相互融合成新的知识，表示创造的行为动词有组织、合作、创新等。

以人教版实验教材三年级上册的一篇课文《西门豹》为例，它是一篇神话传奇故事，叙事性很强，角色特征鲜明，很能引发小朋友的兴趣。那么我们就抓住这个特点，在全面分析了解此文的基础上进行角色扮演，让孩子们合作表演《西门豹》，以达到创造新的故事情境、升华感情的目的。

（三）情感态度与价值观中的"认同与信奉"

认同是自己体验认识或者是模仿其他人或群体的态度行为，使其内化为个体人格一部分的心理过程。在语文的教学过程中，我们将认同定义为对所接受的认知表示喜欢或偏好的一种态度。认同表现为具有一种独立的喜好的态度，赞同一些好的观点和看法，克服一些恶习，主动培养兴趣和爱好，形成良好的学习习惯等。

以义务教育课程标准实验教材三年级上册的一篇课文《美丽的小兴安岭》为例，本课的一个目标是要了解小兴安岭美丽的景色和丰富的物产，激发热爱祖国大好河山的思想感情，养成热爱祖国的习惯。在认识了这种感情并选择反应后，我们所要做的就是认同，继续坚持我们的选择，逐渐养成热爱祖国的习惯。

信奉即信仰敬奉的意思。在小学语文三维目标的学习过程中，信奉是要让学生们对已认同的正面的习惯或者是想法深信不疑，并且能身体力行。信奉首先要树立起正确的人生观，在认同的基础上培育自己的喜好、行为习惯等,并坚持下去。在学习过程中,要让学生们能准确地认识到学习的重要性,让他们认同学习的意义和价值,才能够坚持努力学习。

学生通过学习《孔子拜师》一课,充分了解孔子勤奋和谦虚的性格品质,能够树立勤奋好学的求学信念。

下面就"运用拓展"板块的设计分年段进行案例说明。

第一学段

二(下)《画家和牧童》"运用拓展"备课表

课时学习		学习内容	教学形式	测评方式	备注
运用拓展	解难释疑	1. 体会课文描写方法的妙处。 2. 学习如何迁移运用。	1. 教师讲解课文表达特点:《画家和牧童》这一课,主要是有两部分组成,作者首先**是花了大量的笔墨从正面、侧面来写戴嵩的著名、画技的高超**,从而为后半部分写**他的谦虚谨慎和牧童的敢于挑战权威做好充分的铺垫。** 2. 教师讲解如何发现句子的秘密。 ① 课件出示句子:"他的画一挂出来,就有许多人观赏。" ② 你体会到了什么?如果说:"他的画挂出来,有许多人观赏",有什么不同吗? ③ 请你在朗读中体会"一……就……"的作用。 3. 课件出示句子:"看画的人没有不点头称赞的,有钱的人还争着花大价钱购买。" ① 从句子哪些地方看出戴嵩的画好? ② 有感情地读,重读"没有不、争着、花大价钱"。	发现; 口头交流; 有感情朗读。	
	实践运用	练习仿写。	1. 请你结合"他的画一挂出来,就有许多人观赏。"的关联词"一……就……",来说说大家看到戴嵩的画以后的反应? 看画的人一_____就_____。 有钱的人一_____,就_____。 2. 学生练习仿写。 3. 教师巡视。	现场仿写。	
	反馈测评	分享自己作品并学会欣赏同伴成果。	1. 先同桌互相交流,修改; 2. 小组交流分享,推荐优秀作品; 3. 全班展示,评价。	交流; 小组分享; 全班展示。	

注：加下画线为核心问题。

二（下）《画家和牧童》"运用拓展"教学设计

课时学习：

一、积累语言（略）（20'）

二、理解旨意（略）（10'）

三、运用拓展（略）（10'）

1. 解难释疑

（1）教师讲解课文表达特点：《画家和牧童》这一课，主要是有两部分组成，作者首先是花了大量的笔墨从正面、侧面来写戴嵩的著名、画技的高超，从而为后半部分写他的谦虚谨慎和牧童的敢于挑战权威做好充分的铺垫。

（2）教师讲解如何发现句子的秘密。

①课件出示句子："他的画一挂出来，就有许多人观赏。"

②你体会到了什么？如果说："他的画挂出来，有许多人观赏"，有什么不同吗？

③请你在朗读中体会"一……就……"的作用。

（3）课件出示句子："看画的人没有不点头称赞的，有钱的人还争着花大价钱购买。"

④从句子哪些地方看出戴嵩的画好？

⑤有感情地读，重读"没有不、争着、花大价钱"。

2. 实践运用

（1）请你结合"他的画一挂出来，就有许多人观赏。"的关联词"一……就……"，来说说大家看到戴嵩的画以后的反应？

看画的人一_____，就_____。

有钱的人一_____，就_____。

（2）学生练习仿写。

（3）教师巡视。

181

3. 反馈测评

（1）先同桌互相交流，修改；

（2）小组交流分享，推荐优秀作品；

（3）全班展示，评价。

第二学段

四(上)《小木偶的故事》"运用拓展"备课表

课时学习		学习内容	教学形式	测评方式	备注
运用拓展	解难释疑	学习讲童话故事	1. **如何讲好童话故事呢？** 2. 老师指导：结合板书，突出童话的语言特点，以及讲童话故事时表情、动作等应该配合语言，才能做到绘声绘色。		
	实践运用	练习讲童话故事	3. 创设情景，练讲故事。 一天，小木偶回家了。老木匠看见小木偶激动地说："啊！孩子，你可回来了，你每天过得很快乐、很幸福吧？"此时，小木偶是百感交集，脑海里浮现出经历的一幕一幕，他会怎样向老木匠叙说自己的经历呢？请同学们当一回小木偶，试着把小木偶的经历说给老木匠听。 1. 出示要求：复述故事——转换人称，用自己的语言把故事内容简略地讲出来。经历可以概括说，但表达形式要融入情感。 2. 示范：老师是老木匠，选个学生当小木偶和老师合作。 3. 练习表演。	同桌交流；小组互评。	
	反馈测评	倾听与评价	1. 先讲给同桌听； 2. 小组交流展示，学生听后评价。 3. 小组推荐表演。	小组内交流；讲台上展示。	

注：黑色、加粗、加下画线部分为核心问题。

四（上）《小木偶的故事》"运用拓展"教学设计

课时学习：

一、积累语言（略）（10'）

二、理解旨意（略）（10'）

三、运用拓展（20'）

1. 解难释疑

（1）如何讲好童话故事呢？

（2）老师指导：结合板书，突出童话的语言特点，以及讲童话故事时表情、动作等应该配合语言，才能做到绘声绘色。

2. 实践运用

（1）创设情景，练讲故事。

一天，小木偶回家了。老木匠看见小木偶激动地说："啊！孩子，你可回来了，你每天过得很快乐、很幸福吧？"此时，小木偶是百感交集，脑海里浮现出经历的一幕一幕，他会怎样向老木匠叙说自己的经历呢？请同学们当一回小木偶，试着把小木偶的经历说给老木匠听。

（2）出示要求：复述故事——转换人称，用自己的语言把故事内容简略地讲出来。经历可以概括说，但表达形式要融入情感。

（3）示范：老师是老木匠，选个学生当小木偶和老师合作。

（4）练习表演。

3. 反馈测评

（1）先讲给同桌听；

（2）小组交流展示，学生听后评价。

（3）小组推荐表演。

第三学段

五(下)《彩色的非洲》"运用拓展"备课表

课时学习		学习内容	教学形式	测评方式	备注
运用拓展	解难释疑	1. 复习游记的特点。 2. 学习使用思维导图的方法梳理游记文章的结构特点。	1. 老师讲解本单元"游记"的主要特征。 2. 结合课文板书讲解<u>思维导图在游记文章中的应用方法</u>。 （思维导图：艳阳蓝天、植物世界、动物世界、自然景观、28*彩色的非洲）		
	实践运用	练习利用思维导图，阅读"维也纳生活圆舞曲"，归纳文章层次。	1. 默读文章2遍； 2. 开始画大概图； 3. 再次阅读文章； 4. 补充细节结构并填空。	老师巡视 同桌提醒	
	反馈测评	反馈展示。	1. 小组内互相<u>交流展示</u>； 2. 自我调整； 3. 小组展示，班级展示。	小组交流 全班展示	

注：加下画线为核心问题。

五(下)《彩色的非洲》"运用拓展"教学设计

课时学习：

一、积累语言（略）（8'）

二、理解旨意（略）（20'）

三、运用拓展（12'）

1. 解难释疑

老师讲解本单元"游记"的主要特征。

2. 结合课文

本书讲解思维导图在游记文章中的应用方法。

```
        骄阳蓝天  植物世界  动物世界
                \   |   /
                 自然景观
                    |
                28*彩色的非洲
               /          \
              ○            ○
            / | \        / | \
           ○  ○  ○      ○  ○  ○
```

3. 实践运用

练习利用思维导图，阅读"维也纳生活圆舞曲"，归纳文章层次。

（1）默读文章2遍；

（2）开始画大概图；

（3）再次阅读文章；

（4）补充细节结构并填空。

4. 反馈测评

（1）小组内互相交流展示；

（2）自我调整；

（3）小组展示，班级展示。

第五节 "一线"是什么？

小学语文阅读课"三板一线"的教学中，把一节完整课时的教学重点确定为教学任务的"一条线"，这条线也称之为"聚焦性目标"。意思指课堂学习要围绕着这个目标来展开，实现完整课时学习任务的"一课一得"。这条线的呈现依靠三个板块来协同完成。其中，"积累"和"理解"

板块同时还兼顾完成基础性目标。"运用"板块是"一线"的专属板块。整个"一线"的完成分为三个阶段，也就是分别按照三维目标的三个阶段来完成。平时我们说"三维"目标是以三位一体的形式出现，在聚焦性目标的设定中，也可能会出现这样的情况。但三者不是均等的，而是以"三维"中的某一维作为主要对象，其他二维作为兼顾对象。因而，设定聚焦性目标时我们只选择"三维目标"中的其中一维为主要。选定其中一维目标作为"一线"时，就可以按照以下表格的分级理论在三个板块当中，结合其他基础性目标来设计好聚焦性目标的教学内容。实践过程当中，在遵循分级规律的前提下，可以灵活安排与设计，并非固定不变。

"三维"教学目标分级阐述

三维/阶段	知识与能力	过程与方法	情感态度与价值观
积累	接受	经历	认知
理解	理解	反思	反应
运用	应用 综合	探究 应用	认同 信奉

下面，我们分别按照"三维"目标来不同聚焦点举例说明"一线"在整个"三板一线"教学模式中的使用。

第一学段

学段年级：第一学段一年级下册；

教材内容：《春夏秋冬》第一部分；

聚焦一线：借助形声字特点以及熟字比较的方法识记8个生字（知识与能力）；

课时学习：

一、积累语言

1. 熟识读音

（1）识读生字。

①学生自主观察课文插图，借助汉语拼音拼读生字，多拼几遍，并与同桌互相检查朗读情况。

②检查学生的自读情况。师出示词语卡片"春风""夏雨""秋霜""冬雪"等并带读。

③指名学生认读，根据学生的朗读情况相机正音，强调"风""霜"是后鼻音，"春"是翘舌音。

（2）认读短语。

①学生自读四个短语，读准字音，同位相互检查。

②指名学生朗读，注意正音："吹"是翘舌音，"落、降、飘"都是三拼音节，要读准确。

③整体认读。可采用多种形式反复读。

2. 识写字形

（1）出示本节课要求会写的四个生字：春、风、冬、雪，指生名字再次认读，口头组词。

（2）学生自主观察，交流识记方法和写字要领。

（3）教师在学生交流的基础上小结："春"字的撇画和捺画要舒展；"风"字是半包围结构，外框空间要大一些；"冬"字下面的两点要居竖中线上，上点略小，下点略大；"雪"字是上下结构，雨字头略宽，各部分要写得扁一些才好看。

（4）师范写，生观察书空后自主描红、临写。

（5）师巡视指导，强调学生正确的握笔姿势和坐姿。

3. 领悟意义

（1）引导学生发现四个短语和刚才学习的四个词语有什么不同之处，学生比较交流。师小结：不同之处是短语比词语多了一个字，这个字都是表示动作的。

（2）学生再读短语，结合自己的理解配上相应的动作。

（3）指导学生朗读短语，并配上相应的动作，说说这四个动作的不同之处。

（4）师小结：春风很轻很温柔，所以用了"吹"；夏雨很有力气，从空中往下掉，所以用了"落"；而秋霜是因为气温下降才形成的，所以用了"降"；雪花就像快乐轻盈的小天使，在天空中飘来飘去，所以用了"飘"。相机再出示这四个要求会认的汉字卡片，全班齐读。

二、理解旨意

1. 大意结构

（1）多媒体出示相关图片，引导学生观察图片，用自己的话说一说图上都有什么。

（2）指名学生交流，在此过程中，引导学生把句子说清楚，读完整。

（3）师适当小结指导：春风姐姐吹了一口气，就染绿了大自然；夏天是个急性子，经常会下起暴雨；秋天天气变凉，小草和树叶上会结霜；冬爷爷送来了雪花的礼物，小朋友们堆雪人，打雪仗，玩得可开心啦！学生再次齐读课文。

（4）游戏巩固：找朋友（把"春风""夏雨""秋霜""冬雪"四个词语和相应的图片连起来）。

2. 写作目的

师：这些词语写的都是什么景色呢？（板书：一年四季）

3. 表达方式

请同学们观察一下我们本课学习的内容，大家发现什么了吗？（每一行都多一个字，写的都是跟前面第一个字的内容有关。）

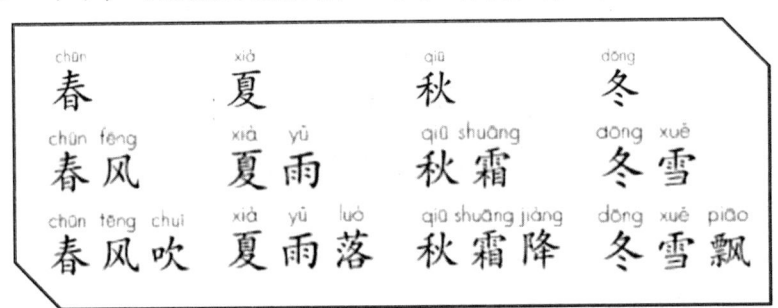

chūn	xià	qiū	dōng
春	夏	秋	冬
chūn fēng	xià yǔ	qiū shuāng	dōng xuě
春风	夏雨	秋霜	冬雪
chūn fēng chuī	xià yǔ luò	qiū shuāng jiàng	dōng xuě piāo
春风吹	夏雨落	秋霜降	冬雪飘

三、运用拓展

1. 解难释疑

师：今天我们学习了四个生字词，下面我们来争当听写小明星了。请拿出听写本子，准备好铅笔。课本放在桌子左上角。记得老师前面提醒过的握笔和坐姿吗？都一起准备好，咱们开始听写了。

2. 实践运用

（1）老师让学生听写：春风、夏雨、秋天、冬雪。

（2）依次出示四幅图画，要求先说一说，然后写出图上有哪些景物。

我知道图上画的是（　　　　）季节，因为我看到图上画的有（　　　　）。

3. 反馈测评

同桌互改，并打分。老师投影仪展示，并提示注意的地方。

第二学段

学段年级：第二学段四年级下册；

教材内容：《13. 和时间赛跑》；

聚焦一线：感受珍惜时间的意义（情感态度与价值观）；

课时学习：

课前谈话：

方案一：

师：今天老师给大家猜个谜语，看谁先猜到："看不见，摸不着，跑得快，不长脚，只见它过去，不见它回头"。

学生可能猜到谜底"时间"。

师："同学们对时间这个概念，是怎么认识的?"引出对时间不断流逝、永不复返的认识。

方案二：

教师放课前录制好的钟表嘀嗒、嘀嗒响的录音，让学生认真听，教师问:"听到了什么？有什么感受？"学生能回答:"听到了钟表走动的声音，感受到时间一直往前走，不断流逝。"

让学生交流预习时搜集的材料，加深对时间的认识。

教师小结：台湾作家林清玄不仅感受到了时间不断流逝，时间的珍贵，更让我们敬佩的是他在生活中还能和时间赛跑（板书），今天我们学习第三课《和时间赛跑》。

一、积累语言

1. 熟识读音

（1）学习朗读下面的句子。

我的外祖母去世了。我无法排除自己的忧伤。

那哀痛的日子持续了很久，爸爸妈妈也不知道如何安慰我。

所有时间里的事物，都永远不会回来了。

我狂奔回去，站在庭院里喘气的时候，看到太阳还露着半边脸，我高兴地跳起来。

假若你一直和时间赛跑，你就可以成功。

一寸光阴一寸金，寸金难买寸光阴。

光阴似箭，日月如梭。

少年易学老难成，一寸光阴不可轻。

合理安排时间，就等于节约时间。

失去眼前的时间，就等于失去所有时间。

（2）反复练读。

（3）提问：这些句子给你什么感觉？（对时间有初步的印象）

2. 识写字形

（1）指导写字，特别注意"赢、暑、梭"等容易写错的字。

（2）学生练习写。

赛	疼	忧	慰	梭	虽
狂	赢	暑	益	穷	将	若

(3) 检测。

我的外祖母去世了。我无法排除自己的（　　）。

那哀痛的日子持续了很久，爸爸妈妈也不知道如何（　　）我。

我（　　）回去，站在庭院里喘气的时候，看到太阳还露着半边脸，我高兴地跳起来。

假若你一直和时间（　　），你就可以成功。

一寸光阴一寸金，寸金难买寸光阴。

光阴似箭，日月如（　　）。

3. 领悟意义

(1) 预习时还有哪些词语，你觉得是不理解的？

(2) 随机访问并初步解决，需要结合课文内容理解的，放到后面理解。

二、理解旨意

1. 大意结构

(1) 默读课文，思考：课文讲了哪些事？

(2) 学生在交流的基础上梳理课文结构：

①外祖母去世，爸爸和"我"谈话；

②观察太阳变化；

③观察小鸟飞行路线；

④和太阳赛跑；

⑤和作业赛跑五件事。

2. 写作目的

(1) 读后你明白了什么？（学生交流自己看法，大致两种：时间的流

逝是无奈的；珍惜时间就要与时间赛跑）

（2）你从课文中什么地方明白了时间的流逝是无奈的？重点学习第四自然段爸爸的话。

①指名读，想一想这一段话里包含了爸爸怎样的感情？（安慰孩子；为时间的流逝而惋惜；为失去亲人而悲伤。）自己体会读，然后再指名读。

②生在此基础上，回想父亲和自己说话的神态、语气练习读，反馈。

③练习背诵。

（3）作者与时间赛跑具体表现在哪里？与时间赛跑的体会。重点学习第八自然段。

①指名读第 8 段，体会这一段里包含了怎样的感情？（跑赢了时间以后高兴的心情）

②指导朗读：A 有时……有时……有时……B 狂奔……喘着气（联系生活经历体会）应该怎样读？

③合作展示朗读第八自然段。

3. 表达方式

为了说明时间的珍贵，作者采用了哪些方法？

师：引用时间名言、引用爸爸的话、举自身例子、谈体会……

三、运用拓展

1. 解难释疑

那么时间对于我们来说究竟意味着什么？我们如何才能进一步了解时间对于我们的意义呢？老师跟大家做两道数学题。

2. 实践运用

（1）出示两道数学课题：a. 每年 365 天，每天 24 小时，80 年共有多少小时？b. 每年 365 天，80 年共有多少天？（学生计算得出：a. 700800 小时；b. 29200 天）

（2）请学生拿出画满 29200 个格子的 A4 纸，代表 29200 天。然后同桌合作涂掉已经度过的时间，剩下的格子继续涂掉睡觉的时间、吃饭的时间等,继续询问:你打算如何利用剩下的这些空白的格子?

(3)撰写自己学习本文或珍惜时间的感受。学生此时会把自己发自肺腑的语言真真切切地写出来,如原来自己是怎样对待时间的,今后又将怎样珍惜时光,和时间赛跑,等等。

3. 反馈测评

在小组内朗读自己的体会并交流,上台展示自己的感受。

第三学段

学段年级:第三学段五年级下册;

教材内容:《21. 猴王出世》;

聚焦一线:学习感受古白话文小说人物形象的方法(过程与方法);

课时学习:

导入:

猜谜语——似猴不是猴,似人不是人。龙王座上客,天堂弼马温。——孙悟空。

今天我们来学习一篇新课文,了解孙悟空最初的模样。板书课题。谁来说说,课题后面的圆圈表示什么意思?同学们读过《西游记》吗?知道它的作者是谁吗?

一、积累语言

1. 熟识读音

(1)检查预习,正字音。出示:遂、迸裂、獐鹿、猕猿、石碣、镌着、石窍、玩耍、抓耳挠腮、拖男挈女

(2)出示微缩文段,集中解词,整体把握。

海外有国,名曰傲来国。国中有花果山,山顶上有一仙石,有二丈四尺围圆。天长地久遂有灵通之意,一日迸裂,产一石猴。一朝,众猴顺涧边寻看源流,遇瀑而止,遂道:"能进出无恙者愿拜之为王。"石猴瞑目蹲身,径跳入泉中。睁睛观看,里边有桥,桥下之水,冲贯于石窍之间倒挂

流出。桥边乃是一座天造地设的家当,遂抽身跳出水外向众人详示。众猴听得,喜不自胜,连呼:"大造化也。"遂伸头缩颈,抓耳挠腮,都跳进去了。一番抢夺争占之后,众猴力倦神疲。石猴道:"人而无信,不知其可。众人何不拜我为王?"众猴听说,即拱伏无违,序齿排班,礼拜"美猴王"。

读对字音,读准节奏。①指读,师边听边指正;②学生练习;③整体反馈。

2. 识写字形(略)

3. 领悟意义

运用学习白话文的方法:借助课本的注释;联系上下文;查字典、问师友。

师:请同学们运用这三种方法试着理解这段话。实在不明白的地方,待会一起交流。

(1) 学生运用方法练习;

(2) 集体反馈不懂的地方,教师相机出示解释提示。

二、理解旨意

1. 大意结构

(1) 文段变为三段,让学生说说每一段讲了什么?(板书:出世、寻源地、称王)

(2) 解问题:从第一段里面你知道石猴是从哪儿出来的吗?

从二、三段里面你知道石猴是怎么当上猴王的吗?

(3) 理结构:思考三个文段分别对应的是课文当中哪些段落呢?

(设计意图:微缩文段用途有四——解决读音、学习理解方法、理顺文章结构、把握故事梗概。)

过渡:一蹦蹦出个石猴,一跳跳出个猴王。这是一个什么样的猴子呢?

2. 写作目的

（1）默读课文，说说这是一个什么样的猴子？

访谈学生对石猴的第一印象。（板书：勇敢）

过渡：通过刚才的分析，我们知道石猴留给大家的第一印象，难道作者写的仅仅是一只猴吗？

（2）出示两种观点：

甲专家：石猴就是一只猴子。

乙教授：石猴不像是一只猴子。

你同意哪个观点？

学生分别寻找相关的句子进行论证，并写明原因进行批注。

（追问：如果你认为石猴不像一只猴子，那像什么？）

学生交流感悟。

3. 表达方式

相机品析两个句子，学习作者的写作方法。

（1）句子一：那猴在山中，却会行走跳跃，食草木，饮涧泉，采山花，觅树果；与狼虫为伴，虎豹为群，獐鹿为友，猕猿为亲；夜宿石崖之下，朝游峰洞之中。

①感悟石猴的快乐逍遥。

②句群层次。这句话有三个层次：饮食、交友、作息；从哪看出？分号的作用。

③语言特点：动宾、排比、对仗；字数递增。

（诗意升华，读出意境。）

（2）句子二：连呼三声，忽见丛杂中跳出一个石猴，应声高叫道："我进去！我进去！"

①先根据自己的想象练读；老师相机范读。仿佛看到了一个什么样的石猴？

②为什么是连呼三声之后才跳出来？

③换一种写法，对比感悟。

出示石猴所有的语言进行归纳对比，让学生观察有什么特点，并追问为什么要这样写？

品读石猴的语言。

总结归纳，阐明观点：为什么作者要塑造这样一个三体结合的神话人物形象呢？也许下面的相关资料会带给你答案。（介绍作者吴承恩写作《西游记》的背景以及后人的相关评论。）

三、运用拓展

1. 解难释疑

如何阅读古白话文？感受神话人物有哪些方法呢？通过今天的学习我们初步了解。现在分别梳理一下。

学习古白话文的方法：借助课本的注释；联系上下文；查字典、问师友。

感受神话人物形象的方法：罗列情节、寻找句子、品读语言、组合形象。

2. 实践运用

应用以上方法，分小组迁移阅读《西游记》中关于其他人物的片段。（可分唐僧组、猪八戒组、沙和尚组等）

3. 反馈测评

分组讨论交流，小组集体展示。可一人说人物形象，一人说情节，一人品语言等。

第六节　关于"课后"

就目前而言，小学语文作业设计的情况，有两种不良的倾向存在。一种倾向是语文作业设计基于教师的需要出发，其特点之一是作业的设计极具依赖性，作业设计基本交由专门的教辅出版机构完成，教师的作业布置工作就是拿来；其特点之二是作业设计极具随意性，教师在布置作业前三五分钟灵机一动，作业就设计好了，其结果是作业设计问题百出。第二种倾向是作业设计试题化，"以练代考"，教师仔细梳理出每一篇课文的知识点，然后设计成学生每天必做的作业题，让学生扑腾在单调乏味的题海中，消磨语文学习的热情。当然，这很多时候并不能责怪一线老师。现实状况下，我国目前大多数语文老师都身兼数职，他们的工作除了承担日常教学和教育工作，同时还需要兼顾学校或者其他部门的统计、评估等工作，没有太多精力来开发个性化作业内容。所以，选择合适的教辅资料就成了他们的无奈之举。第二种倾向来自全社会对考试分数的依赖。而一谈及考试，涉及的大多数都是知识与小部分技能训练。为了能适应家长和学校的要求，大部分语文教师选择了作业试题化。那么这样的"无奈之举"是否科学呢？学生的成绩真的就会提升吗？从教师的角度来说，也许是比较方便的，布置学生作规定的练习题，然后就批改反馈。个别学生出了问题，再次修改反馈。这就是目前大多数老师在重复的课后工作。很显然，这样的效率是较低的。

其一，采用"广撒网"的方式，未必能抓到"大鱼"。

前面我们已经说明了"一致性原理"。根据这一原理"学—教—评"应该要保持一致才能让教学的效果更加显著。首先，如果你课前的预习、课时学习和课后作业的内容不一致，那么就极有可能造成浪费现象。有时候，还会带来新的问题。比如，课时学习的内容，由于课后作业并没有提及，所以，知识利用效率会大大降低。其次，如果课后作业不是课时学习的内容，而是其他别的内容，那么学生面临的出错率就会大大提高。交上作业的时候，老师批改时一旦发现学生做错率很高，又得另外进行讲解。一来一去之间，大大浪费了时间。

其三，采用"广撒网"的方式，容易增加学生的作业量。

一旦采用这样的作业布置方式，就会陷入题海迷宫。现在市面上流行的习题册，题目五花八门，往往每一类型都能找出许多道题目。如果"眉毛胡子一把抓"，作业的题量会加大。长期如此，学生语文学习兴趣会急剧下降。因为当他们发现大量的题目，其实是课堂上没有教过时，完成作业的信心就会大大降低。

其二，采用"广撒网"的方式，容易造成"事倍功半"。

好的作业设计，必定是有针对性的，有设计的。因为语文课的设计本来就是根据本班学生的实际情况而确定，那么作业的设计当然也要为学生量身定做了。如果采用"广撒网"的方式，没有针对性，就容易造成"事倍功半"。只有量体裁衣式的作业设计，才能让学生有所收获，学到自己应学的、想学的东西。

"三板一线"的作业设计跟课堂教学模式设计的内容是相通的。它也是分为三大板块：基础性练习（语言文字基础），理解性练习（文本内容），聚焦性练习（学习重点）。三大板块的作业内容与课时学习三个板块的内容是一一对应的。即教什么就练什么。这里简单列举一个书面作业的例子说明一下：

学段年级：第二学段四年级下册；

教材内容：《11. 蝙蝠和雷达》；

基础性练习：

1. 按要求把本课生字归类写出来。

左右结构							
上下结构							
半包围结构							

2. 选择括号里正确的字组词。

障（碍　得）物　（既　即）使　（萤　荧）火虫

敏（锐　悦）　　（接　揭）开秘密　　（避　辟）开

3. 写出下面词语的近义词。

启示（　　）　清除（　　）　模仿（　　）　灵巧（　　）

理解性练习：

4. 选择恰当的解释填在括号里，并造句。

(1) 反复：①一遍又一遍；多次重复。②颠过来倒过去。

科学家经过反复研究，终于揭开了蝙蝠能在夜里飞行的秘密。(　　)

反复：_____（造句）

(2) 证明：①用材料来断定真实性。②证明书和证明信。

三次不同的试验证明，蝙蝠夜里飞行，靠的不是眼睛，它是用嘴和耳朵配合起来探路的。(　　)

证明：_____（造句）

5. 科学家是怎样进行研究的？请按课文内容重新排列句子。

(　　) 发现蝙蝠能夜间飞行，还能捕捉飞蛾和蚊子。

(　　) 提出问题：飞机怎样才能在夜间安全飞行？

(　　) 模仿蝙蝠探路的方法，给飞机安装雷达。

(　　) 研究蝙蝠，发现蝙蝠夜间飞行的秘密。

聚焦性练习：

6. 读下面一段话，完成练习。

科学家经过反复研究，终于揭开了蝙蝠能在夜里飞行的秘密。它一边飞，一边从嘴里发出一种声音。这种声音叫作超声波，人的耳朵是听不见的，蝙蝠的耳朵却能听见。超声波像波浪一样向前推进，遇到障碍物就反射回来，传到蝙蝠的耳朵里，蝙蝠就立刻改变飞行的方向。

蝙蝠是怎样探路的？画出示意图。

从中我们知道，基础性练习主要对应的是"积累语言"板块，理解性练习对应的是"理解旨意"板块，聚焦性练习对应的是"运用拓展"板块。值得注意的是，课后书面练习作业的设计在对应教学内容的同时，要与课堂练习形成呼应和延伸。一方面是对课堂学习内容的复习，另一方面，要做出适当调整，与课堂学习内容形成"举一反三"的效果。

除了书面作业，小学语文阅读课的课外作业形式还有许多。比如，实践类型的调查、表演、制作、朗读等。这些都应该结合当地和本班学生的实际情况，结合书面作业作适度安排与设计。

<<< 下编 小学语文阅读课"三板一线"教学模式的实践体系

第二章 设计程序

"三板一线"教学设计程序分6步走：教材解读—学情分析—初选目标—提取一线—安排三板—其他。这6步是一个从大到小，从粗到细的筛选过程。教师在安排时，可以根据自身实际情况进行分析，然后确定设计方案。大部分情况下，教材解读与学情分析是提前进行的，它适合的范围比较广。使用"三板一线"时，经常使用的是后面4步程序。具体如图35说明：

教材解读　结合课标、教材、编者、作者等因素，对文本进行全面解读，提取适用于语文教学的所有目标。

学情分析　结合本班学生实际情况，提炼出适合本学段、本班学生学习的目标。

初选目标　从以上目标中，筛选有学习价值的课时目标。

提取一线　从以上目标中，筛选教学重点，安排"一线"的设计程序。

安排三板　剩余目标对应安排到三个板块中。

其他　安排课前、课后以及其他资料。

图35 "三板一线"漏斗型设计程序

比如，人教统编版三年级上册《29. 掌声》"三板一线"教学模式设计程序如图36所示。

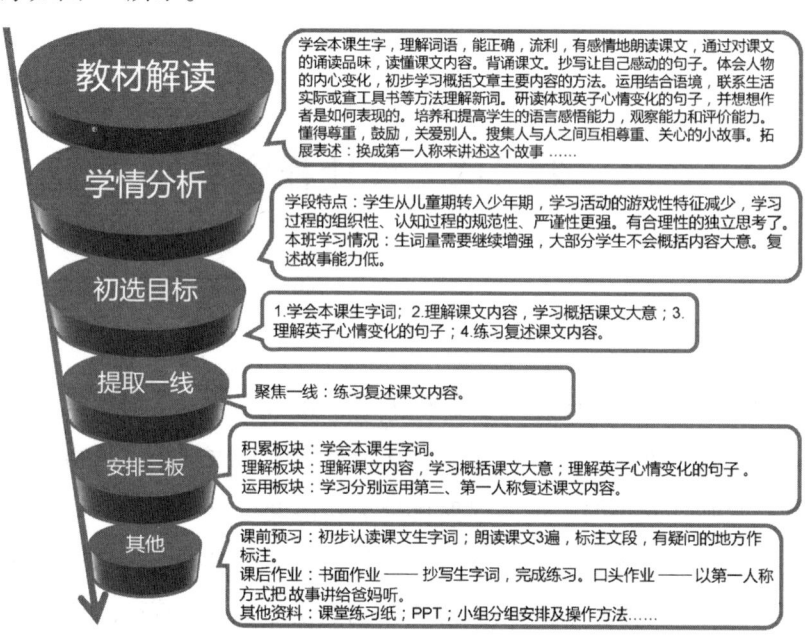

教材解读：学会本课生字，理解词语，能正确、流利、有感情地朗读课文，通过对课文的诵读品味，读懂课文内容。背诵课文。抄写让自己感动的句子。体会人物的内心变化，初步学习概括文章主要内容的方法。运用结合语境，联系生活实际或查工具书等方法理解新词。研读体现英子心情变化的句子，并想想作者是如何表现的。培养和提高学生的语言感悟能力、观察能力和评价能力。懂得尊重，鼓励，关爱别人。搜集人与人之间互相尊重、关心的小故事。拓展表述：换成第一人称来讲述这个故事……

学情分析：学段特点：学生从儿童期转入少年期，学习活动的游戏性特征减少，学习过程的组织性、认知过程的规范性、严谨性更强。有合理性的独立思考了。本班学习情况：生词量需要继续增强，大部分学生不会概括内容大意。复述故事能力低。

初选目标：1.学会本课生字词；2.理解课文内容，学习概括课文大意；3.理解英子心情变化的句子；4.练习复述课文内容。

提取一线：聚焦一线：练习复述课文内容。

安排三板：积累板块：学会本课生字词。
理解板块：理解课文内容，学习概括课文大意；理解英子心情变化的句子。
运用板块：学习分别运用第三、第一人称复述课文内容。

其他：课前预习：初步认读课文生字词；朗读课文3遍，标注文段，有疑问的地方作标注。
课后作业：书面作业——抄写生字词，完成练习。口头作业——以第一人称方式把故事讲给爸妈听。
其他资料：课堂练习纸；PPT；小组分组安排及操作方法……

图36 三（上）《掌声》"三板一线"设计程序

第三章　教学应变

小学语文阅读课"三板一线"教学模式的应用并非固定不变，在面对不同年段、文本和教师时，在保持大体框架不变的情况下，有一些时间、内容和环节上的稍微改变。下面分别阐述：

第一节　年段的变化

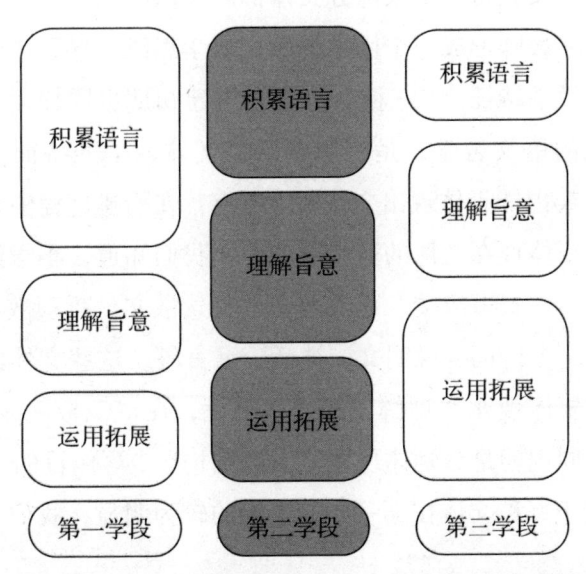

第一学段	第二学段	第三学段
积累语言	积累语言	积累语言
理解旨意	理解旨意	理解旨意
运用拓展	运用拓展	运用拓展

小学语文具有极其明显的基础性特征，这其中的基础性包含知识技能的基础，也包含情感态度与价值观的基础。这些基础在小学六年间是一个

逐渐形成和逐渐积累的过程。"三板一线"教学模式依据不同板块所赋予的不同功能，在不同学段体现出来的学习深度和广度是不同的。以下是大体上的安排。

从中我们可看到第一学段"积累语言"占据了大量的时间。这与第一学段小学语文的学习特点有很大关系。总观第一学段的语文学习内容，大量的内容放在识字写字、朗读训练、习惯养成、兴趣激发等积累性方面。随着年段的提升与语文学习内容的丰富，三个板块的时间分配也有不同的体现。相比第一学段，第二学段的"理解"板块较为加强，第三学段非常重视"运用"板块。当然，在具体的运用中，并没有十分严格的、固定的划分。可视具体课程内容进行具体安排。

第二节　文体的变化

统观小学语文教材，绝大部分文体都属于散文类型，久而久之，就让大部分一线语文教师形成一个固定的散文教学思维，导致小学语文教学没有明显的文体教学特征。"三板一线"在构建初期也同样面临着这样一个思考：模式化的语文教学，是否影响语文文体教学的特征？在"三板一线"固定的框架内能否体现出文体教学特点？在构建过程中，"三板一线"的文体意识主要体现在文体的教学应变中。我们知道，小学语文教材中常见的有几种文体：叙事散文、写人散文、写景散文、哲理散文、童话、小说、现代诗歌、古诗词、说明文、神话、寓言等。这些文体的教学特征最大的不同，主要体现在"理解"板块。因此，在"三板一线"大框架下，文体教学的不同主要是分别体现在"大意结构""写作目的"和"表达方式"上面。至于哪种文体在那一环节体现的较为明显，我们下面进行分别阐述。

一、散文

散文是小学语文教材中占主导地位的文本体裁。我们常常说到散文的特点——形散而神聚，在"三板一线"中散文的"形"即指文本的内容，写作采用的素材，构成这篇文章的外在形体。因此，对应的是"大意结构"这一环节，即"写了什么"。散文中的"神"即指作者的写作目的。

叙事散文偏重对事件的叙述，如《跨越海峡的生命桥》《掌声》《一次成功的实验》等。这类文章往往十分重视事情的起因、经过、结果发展顺序，具有十分明显的脉络。有时候为吸引读者，还会使用插叙或者倒叙的手法等。在"三板一线"教学中，这类文章在"大意结构"上的处理要突显出来。让学生概括事情的发展过程，明白事情叙述的顺序等。这跟叙事散文的文体特点是有相关联系的。在"表达方式"的指导上，要突出篇章的结构特点，如插叙、倒叙、并叙；如总分、总分分、总分总等。一些叙事散文还会采用过渡句或者过渡段等方式。这些都是需要突出的文本特点。

写人散文通篇以人物为中心，侧重表现人物的品格特征，如《孔子拜师》《小摄影师》《奇怪的大石头》等。因为他以刻画人物为主，所以在"三板一线"中，此类文体的特征体现在"写作目的"环节。这一环节中，可以让学生通过品读相关的语句来感悟人物形象；也可以先整体阅读，谈谈人物形象，然后再带着这样的形象到文中去寻找最为突出的相关语句进行品读。"悟形象"是此类文体的主要特征。

写景（抒情）散文（包含状物）是以景物描写或抒发作者主观感受、情感为主的散文。如《富饶的西沙群岛》《美丽的小兴安岭》《匆匆》等。它把自然山水、人文景观、民俗风情等作为主要描写对象，同时融入作者的个人情感。写景散文以描写为主要表达方式，兼用抒情、记叙等写作手法，借助景观情感特征的生动描摹，抒发、传递作者的内心情思，其突出的特点是写景抒情。正所谓"一切景语皆情语"，写景只是手段，传情才是目的。在写景散文中，景是一个独立的整体，是能独立承担作者情感的艺术载体，具有独立的艺术审美价值。在"三板一线"中，此类文体的特征主要体现在"大意结构"环节的观景顺序，"写作目的"中情感体验以及审美价值。观景顺序即是叙述顺序，这里也同样涉及叙述方式的体现。观景方式通常情况下有移步换景、整体观察、定点观察、多点观察、定时观察、多时观察等。这些都需要对学生进行指导与明确。也最能体现此类文体的教学特征。在"写作目的"这一环节中，对作者的情感进行解读与感悟，通常采用的形式是朗读、想象、联系资料等方法。做到了"景"与"情"的充分教学，此类文体的教学特征就能体现出来。

哲理散文以形象表现道理，揭示事物本质、规律，小学语文教材中的哲理散文多是以生动具体的事例揭示深刻的道理，深入浅出，引发思考，如《通往广场的路不止一条》《落花生》《钓鱼的启示》等。哲理散文是以表达观点、阐述哲理为主的散文，在小学教材中多以"叙议结合"的方式出现。哲理散文中作者往往从自然世界、社会生活中的具体事物引发理性的思考，由感性走向理性，透过现象看本质，把自己的感悟、观点和哲思形诸笔墨，写就内涵丰厚、耐人寻味的美文，用睿智的哲理点燃读者思想的火花，给读者以人生启迪。不像议论文借助论据去说理论证，而是借助于感性的、形象的、具体的事物去表达自己的观点，揭示事物的本质。哲理散文蕴含深刻的哲思，阅读时需要深入文本细细品读，循着文章脉络，感知具体形象，把握作者的思维路径，理解、领悟文中的象征意义和揭示的思想、哲理，体悟哲理散文所蕴藏的丰厚内涵。在"三板一线"中，哲理散文的教学特征主要体现在"写作目的"这一环节中。因为这类文体无论是记叙事情，还是描写刻画，最终的目的是要落到"说道理"这一核心中来。因此，如何引导学生根据这一特点展开研读与探索，是这类文体教学的突出特征。可以在"写作目的"环节中，通过核心问题或核心任务的方式，对哲理散文进行先整体感知，再谈体会，最后感悟作者要表达的主要观点。

二、童话

童话作为儿童文学的主要体裁，在小学语文教学中应该得到尊重。儿童文学的缺失是当前语文教材的一个短板。我们认为，儿童文学在小学阶段（特别是第一、二学段）应该得到重视。这不仅考虑到教学内容，更多要考虑到学生年龄特点、学习兴趣以及充分体现小学语文教学的儿童本位。目前现行的小学教材中，如低段的《称赞》《纸船和风筝》《从现在开始》，中段的《巨人的花园》《幸福是什么》《去年的树》《小木偶的故事》，高段《卖火柴的小女孩》《安徒生童话》等都属于童话体裁。童话故事遵循儿童的身心认知特点，情节神奇曲折，叙述语言极富童趣，也富有一定的教育性。童话运用丰富灵活的艺术手法来表现幻想的情境，这些艺术手法主要有拟人、象征、神化、变形、怪诞等。其中，拟人是童话采用的主要手段。除此之外，童话还有其他一些表现手法，如对比、误会与巧合、反复等。

在"三板一线"中，童话教学特征主要集中在"理解"板块，中高段的"运用"板块也有所涉及。童话教学特征主要体现在理解故事内容、表现儿童愿望、童话的想象性及语言的儿童化上，同时还体现在学讲童话故事上。其中，理解故事内容安排在"大意结构"环节；表现儿童的愿望安排在"写作目的"环节；童话的想象性及语言的儿童化集中体现在"表达方式"这一环节。如果需要，部分教学内容还需要安排到"运用拓展"环节。比如，感受童话特点、拓展阅读童话、学习阅读童话、学讲童话故事、表演童话故事等。

三、小说

小说是以塑造人物形象为中心，通过故事情节的叙述和环境的描写反映社会生活的一种文学体裁。典型化的人物形象、完整曲折的故事情节和人物活动的具体环境是小说的三要素。小说主要通过故事情节一般分为开端、发展、高潮、结局四个部分，有的加上序幕和尾声，展示生活中矛盾发展的进程。小说的故事情节都是虚构的，来源于生活，但通过整理、提炼、组织、比现实生活中发生的真实事件更典型、更有代表性。情节的安排考察作者的匠心，不一定按照事情的发展顺序来写，可以省略一部分，也可颠倒或交错。小说的环境描写包括自然环境描写和社会环境描写。其中社会环境描写是揭示小说中复杂的社会关系，如人物身份、地位、成长背景、行为动机等的重要部分，对人物形象的塑造有着不可忽视的作用。自然环境描写包括人物活动的时间、地点、景观风貌等。自然环境描写是为烘托人物形象、推动情节发展、烘染故事气氛服务的。小说重在对典型化的人物形象进行丰富而细致的刻画，表现人物性格特征和精神内核。

小说中刻画人物的方法灵活多样，有肖像描写、行动描写、语言描写、心理描写等，其中鲜明的个性化语言描写尤其重要，每个人物说的话应有各自独特的语言风格，好的小说要"使读者由说话看出人物来"另外，小说中对人物形象动作的描写也是表现人物特点的主要手法。小说的叙述视角分为三种形态：全知视角、内视角和外视角。不同的叙述视角决定了作品不同的构成方式，也决定了接受者不同的感受方式。小说的叙述类型有顺叙、倒叙、插叙、平叙、补叙、追叙、分叙、合叙等。

小学语文教材中小说文体的安排不是很多，大多数安排在中高段。如《卡罗纳》《爱的教育》《夜莺的歌声》《小英雄雨来》《桥》等。小说文体最明显的教学特征体现在对情节的梳理、人物形象的感受、人物描写的研读、环境描写的衬托作用。在"三板一线"模式的教学中，小说情节的梳理安排在"大意结构"这一环节；人物形象的感受安排在"写作目的"环节；人物描写的研读以及环境描写等安排在"表达方式"环节，主要对小说的表达方式进行理解。同时，聚焦性目标可确定为小说情节、人物、环境这三要素的阅读方法和表达方式运用。"运用拓展"板块可以根据确定的聚集性目标安排与小说要素相关的学习内容。这样小说文体的教学特征才能体现出来。

四、现代诗歌

现代诗歌诞生于"五四"新文化活动，是适应时代要求，用白话语言写作，反映现实生活，表达思想情志，形式上灵活自由，以打破旧体诗格律为主要标志的新体法，以内容的表达方式为标准。自由诗是近代欧美新发展起来的一种诗体。它不受格律限制，无固定格式，注重自然的、内在的节奏，押大致相近的韵或不押韵，字数、行数、句式、音调都比较自由，语言比较通俗。散文诗兼有散文和诗的特点，有诗的意境和激情，常常富有哲理，注重自然的节奏感和音乐美，篇幅短小，像散文一样不分行、不押韵。韵脚诗每一行诗的结尾均须押韵，诗读起来朗朗上口，如同歌谣。现代诗歌有浓烈的抒情性，凝练跳跃，朦胧含蓄，韵律节奏多变，形式自由。小学教材中现代诗歌的题材低段有《小小的船》《阳光》《比尾巴》等；中段有《秋天的雨》《听听，秋的声音》等；高段《太阳的话》《白桦》《我们去看海》《致老鼠》等。

现代诗歌主要的教学特征表现在优美语言的积累、诗意的感悟、想象的培养等。朗读指导既是现代诗歌教学常用的手段，也是现代诗歌教学的目的。在"三板一线"教学中，现代诗歌初步感知与积累可安排在"积累语言"板块；诗歌的意境理解可安排在"理解旨意"板块；如要求仿写诗歌或者有感情背诵则安排在"运用拓展"板块。

五、古诗词

古诗泛指中国古代诗歌，是中文独有的一种文体，通过高度凝练而富有节奏的韵律的语言反映生活、抒情咏志。古诗词的表现手法丰富，运用方式灵活多变，传统表现手法有赋、比、兴。赋是直接铺陈事物的表现手法。比是用比喻的方法描绘事物，表达思想感情。兴是托物起兴，即借某一事物开头来引起正题要描述的事物和表现的思想感情的写法。古诗词中还常用象征、夸张、借代、复沓、重叠、跳跃等表现手法。古诗词的艺术特征主要有凝练合蓄、意境丰美、抒情咏志、想象丰富、音韵和美。古诗词语言凝练、生动形象，高度概括生活，注重炼字炼句。古诗词短小的篇幅内蕴含丰富的内容，诗情表达委婉曲折，含蓄蕴藉。古诗词意境丰美，意境是诗人的主观情志和客观物境相互交融的艺术境界，是一种情景交融而又虚实相生的艺术形象，产生含蓄蕴藉、微妙悠远的美学效果。意境由意象构成，意象是单一的，多个意象构成统一的整体，就是诗歌的意境。

诗歌教学的文体特征主要体现在诗歌意境的感悟及语言美感的体验，语言积累与培养文化认同感也是其主要特征。在"三板一线"中，诗歌教学的背诵与积累在"积累语言"板块完成，感悟诗情意境安排在"理解"板块。其中感悟诗歌意境及语言美感可安排在"写作目的"环节。"表达方式"环节可适当安排理解诗歌的修辞及表达形式。

六、说明文

说明文是一种相对独立的文体，是以说明为主要表达方式，兼用叙述、描写、议论等表达方式，客观地解说事物、阐明事理而给人以知识的文章体裁。以说明为主是说明文与其他文体在表达方式上相区别的标志。说明文实用性很强，是运用范围极为广泛的常用文体，与人们的生产、工作和生活的关系相当密切，包括广告、说明书、提要、提示、规则、章程、解说词、科学小品等。

说明文按说明对象分为事物说明文和事理说明文：事物说明文介绍实体事物的形态、构造、性质、种类、功能等，如《赵州桥》；事理说明文阐述抽象事理的原理、概念、特点、来源、演变过程等，如《回声》。说明文按语言风格分为平实性说明文和文艺性说明文。前者多用说明的表达方式，语言朴实简明，如科技资料、实验报告、说明书等；后者除采用说明外，辅以叙述、描写、抒情，并借助修辞，语言生动形象，如知识小品、科学小品等。为了把事物特征说清楚，或者把事理阐述明白，必须有相适应的说明方法。常见的说明方法有举例子、分类别、作比较、列数字、下定义、作诠释、打比方、摹状貌、引用、画图表（作图表）等。

说明文的教学特征突出表现为理解内容的科学性和语言的准确性，理解说明方法的使用，感悟说明的条理性。因此在"三板一线"中，理解内容的科学性可以安排在"大意结构"这一环节。理解语言的准确性可安排在"写作目的"环节，因为说明文的最终目的就是要准确解读说明对象。说明方法的理解可以安排在"表达方式"这一环节。"运用拓展"板块可安排说明文的实践练写，或者说明方法使用，或者解读后的实际操作等。

七、神话

神话是远古时代的人民集体口头创作，反映自然界、人与自然的关系以及社会形态的具有高度幻想性的故事，属于民间文学的范畴。远古时代生产力水平低下，人们为争取生存、提高生产能力，借助丰富的想象和幻想征服自然、改造社会，把自然力以形象化，这是神话产生的根本原因。神话大致分为三类：创世神话、自然神话和英雄神话，其中以创世神话最为重要。创世神话是关于天地开辟、人类和万物起源的神话，也称开辟神话，中国古代最著名的创世神话是《盘古开天地》；自然神话是对自然界各种现象的解释，如《女娲补天》《后羿射日》等；英雄神话是数量较多的一类神话，这类神话产生稍晚，表达了人类反抗自然的愿望，同时，也可说是人类某种劳动经验的概括总结，如《神农尝百草》《夸父追日》《鲧和禹治理洪水》等。

神话的教学特征体现在感受故事的神奇性，感受神话人物的形象，学习神话对比阅读或群文阅读的方法，神话故事的讲述等。在"三板一线"中，感受神话故事的神奇和神话人物的形象可以安排在"写作目的"这一环节。学习神话的阅读方法，多篇神话对比阅读，学讲神话故事等可以安排在最后的"运用拓展"环节。

第四章　课堂观察

常规的课堂观察角度与评价标准各有不同，通常表现为对教师课堂教学整体观察以及总体评价。这里，我们提供一种"聚焦观察"的课堂观察方式。这种"聚焦式"课堂观察表，借鉴了东莞松山湖中心小学基于深度学习引领下的课堂观察表。在实际运用到"三板一线"中时，稍有不同。这种"聚焦式"的课堂观察最大的特点在于在记录教师教学痕迹的同时，以具体一个学生或一个小组为主要观察对象。分别对教师"教"的评价与学生个体的"学"不同的层面进行逐一点赞与评价。评价主要分"点赞"与"课后议"两部分。其中，"点赞"是对教师与学生的教学表现分别评价。

教师"教"的评价一般来说主要分为四个维度：打算教什么？（目标准确）"打算教什么"与"实际在教什么"是否一致？（教学内容完整）教学方式方法是否合适？（教学行为规范）教的效果如何？（执教有效）。评课人可对执教老师以上四个维度分别进行点赞。可根据课堂实际情况挑选其中几项。

学生"学"的评价按照深度学习理论，可从"情志深度""学科深度""交往深度""思维深度"四维度进行。具体阐述为"态度与兴趣""交流与合作""课程与素养""迁移与运用"。它们的对应关系是——

态度与兴趣——情志深度；

交流与合作——交往深度；

课程与素养——学科深度；

迁移与运用——思维深度。

情志深度主要观察聚焦对象学生在整节课中保持的学习热情与学习兴趣保持度。通过表现出来的情绪、眼神、动作等外在表现判断学生对学习内容接受、认同的程度，从而判断其学习情志深度标准。

交往深度主要评价学生在课堂中与老师、同学进行讨论、交流、合作、互动等交往性动作的情况。这一评价维度很大程度上依赖于教师教学设计的要求。可结合交往数量、交往质量两方面进行综合考量。

学科深度在"三板一线"教学模式中，体现为课程目标与学生语文素养达成的情况。观察聚焦学生通过这堂课的学习所获得的素养，是否达成了相应的课程目标。可对教学目标进行相应判断。

思维深度是指学生在学习过程中，判断、运用、分析、迁移等高阶思维的培养程度。可通过外在教学活动形式和内在学生的思考内化程度进行判断。

"课后议"部分是听课者对整节课整体情况的评议。或找出问题及对策，或提出意见和建议。

小学语文阅读课"三板一线"课堂观察记录表

日期：	地点：	听课教师：	课题：
__年级__班	执教：	观察对象（某生或某小组）：	
聚焦性目标：			
积累语言			
积累目标：			
记录教师的教：		记录学生的学：	

续表

理解旨意	
理解目标：	
记录教师的教：	记录学生的学：
运用拓展	
运用目标：	
记录教师的教：	记录学生的学：

点赞	目标准确　内容完整 行为规范　执教有效	点赞	态度与兴趣　交流与合作 课程与素养　迁移与运用
课后议			

第五章　注意事项

第一节　朗读的层次

在"三板一线"中,朗读教学的设计可根据朗读的四个层次分别安排到相应环节。朗读的四个层次分别是:正确、流利、有感情、背诵(或表演)。当然,并非每一篇课文都要涉及朗读的四个层次,可以根据实际情况调整运用。一般情况下,朗读的"正确"要求放在"积累语言"板块中的"熟识字音"环节。这一环节的首要目的就是解决读音正确的问题,这是朗读的基础。在正确的基础上,可以通过多次练习朗读在"积累"板块中初步达到流利的程度,随着年段的提升,可放到"理解"板块的"大意结构"环节中达成。随着教学的深入,有感情朗读可放到"写作目的"环节进行感悟。或者通过朗读表现作者的情感及目的。有些课例甚至可在这一环节完成背诵。如果把语言积累设置为聚焦性目标,那么背诵及表演朗读就可以安排到"运用"板块中进行。朗读指导在语文教学中既可以作为目标,也可以作为手段。当它作为目标时,可以贯穿整个"三板"体系;当它作为手段时,就只能放到恰当的环节合理使用了。

第二节　教学的精简

语文教学可教的东西有许多，挑选教学目标时，在兼顾基础的同时务必做到"一课一得"，不可贪多。下面结合小学语文人教版五年级下册《刷子李》为例，从备课环节的教学目标和教学设计，分别对精简教学的备课要略作解读与阐述。

《刷子李》是人教版小学语文五年级下册的一篇略读课文。课文以"刷子李"的高超手艺为话题，以特有的"津味"语言描写了一个市井中的奇人。既为奇人，则轶事多多，但作者只选择一件小事来写，借一件极富戏剧性的小事窥见人物的大本领、大智慧。我把这堂课定位为"简洁是智慧的灵魂"，即目标求简明、过程求简要、引导求简练，统称为"精简教学"。精简教学并非只是简单化的教学，而是一个多维扩散、删繁就简、不断提炼的过程。小学语文阅读教学的精简必须要把功夫下在课前，在备课阶段就确保教学目标及教学设计的有效和简约。通常情况下，在备课环节保证教学目标和教学设计的精简就最大限度地解决了"精简"教学教什么的问题。

要略一：目标的精简

要在有限的教学时间内对教学内容做出准确有效的取舍，需要综合考量课程标准、编者意图、年段特点、单元目标、教材特点以及学生学情等等。这是一个由大及小、由面到点的过程，这是一个综合考虑知识与能力、过程与方法、情感态度与价值感三维目标的过程，这也是一个从诸多系列目标中根据文本、人本特点做出选择的过程。通常情况下，影响目标确定的因素有课程标准、年段要求、单元目标、编者意图、教学内容、学生学情、执教者等。按照目标确定顺序我们依次根据课程标准、年段要求、单元目标、编者意图、教学解读、教学内容等因素，依次从大到小进行罗列。然后我们发现跟本课相关的教学目标有许多，那么，《刷子李》

一课我们需要确定哪些目标呢？本课的重难点确定哪一个呢？这就必须结合学生学情与教师本人的具体情况而定了。如果学生对刻画一个人物形象的写作尚未掌握，那么你可以确定目标为：（1）积累并理解本课生字词。（2）感悟刷子李人物形象。（3）学习用细节描写人物的方法。其中，第3点可作为"一线"，也就是本课的"教学重点"。

如果你想让你的学生以这课作为例子，拓展课外阅读量，那么就可以把目标确定为：（1）读通课文，感受人物形象；（2）教授对比阅读策略，拓展阅读《俗世奇人》。其中，第2点可就变为本课的重点了。

如果你想通过此课教会学生学习鉴赏文章的方法，那么就可以把目标确定为：（1）积累并理解字词。（2）感悟刷子李人物形象。（3）认识细节描写的作用并学会鉴赏。

举这样的一个例子目的在于说明语文"精简"教学中目标的制定在依次考虑课程标准、年段要求、单元目标、编者意图、教学内容的要求后，选择怎样的"重难点目标"最后都要充分考虑学生学情与执教者情况。当然，无论做出怎样的取舍都必须着眼于前面所列的范围之内，否则就出现"脱纲掉本"的现象。

要略二：设计的精简

在确定教学目标之后，教学设计的精简能最大程度地体现出课堂的艺术之美，使教学重点更加突出，教学核心更加明显。比如，在教授《刷子李》一课时把目标确定为：（1）积累并理解字词。（2）感悟刷子李人物形象。（3）认识细节描写的作用并学会鉴赏。那么就可以把教学环节精简成以下三个大板块：

第一板块：积累语言，初识"绝活"。

第二板块：理解旨意，感悟"绝活"。

第三板块：运用拓展，鉴赏"绝活"。

这样的设计不但有利于学生的学习，同时也易于记忆，便于老师执教，让老师把精力集中到关注学生的反馈上面，而不需要花费更多的精力来想下一步该干什么。

按照如上思路,《刷子李》一课的精简教学设计定为三大板块,一条主线,其简要设计如下:

一、积累语言,初识"绝活"

1. 字词读音

识读生字词,积累量词,读顺句子。

2. 字词识写

3. 词汇意义

理解"绝活",理解题目。(板书:绝活)

二、理解旨意,感悟"绝活"

1. 大意结构

(1) 本文讲了一件什么事?

(2) 曹小三的心理变化是怎样的?

2. 领悟旨意

(1)"刷子李"是一个什么样的人?

(2) 你从文中哪里知道的?

(说人物形象,朗读相关句子,读出感情)

3. 表达方式

(1) 快速浏览课文,寻找作者用了哪些"一"字。

(2) 频繁使用"一"字,巧妙使用"一点"。

三、运用拓展,鉴赏"绝活"

1. 解难释疑

(1) 什么叫细节描写,它的作用。(板书:细节、以小见大)

2. 实践运用

阅读两篇课外文章,并运用本课所学方法寻找作者的"细节"描写。

3. 反馈测评

分享自己的阅读卡,欣赏别人的阅读卡。

课后复习

(1) 阅读冯骥才《俗世奇人》；

(2) 完成练习。

板书设计：

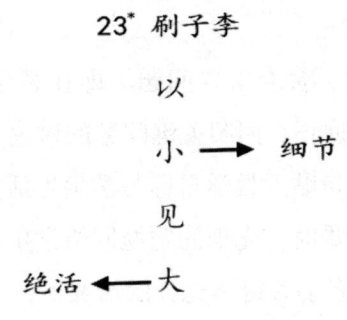

<pre>
           23* 刷子李
              以
              小 ──→ 细节
              见
         绝活 ←── 大
</pre>

要略三：问题的精简

在紧紧围绕中心目标的前提下，提出准确有效的问题，这是提高课堂效率的好办法。我们只有在充分鉴别什么问题值得提问的前提下，才能更好、更有效地实施"一课一得"的教学理念。例如，在《刷子李》这一课中，每一个环节都只设置了一两个主要问题，其他问题不需要多谈。

第一环节：积累词句，初识"绝活"。问题：知道什么叫"绝活"吗？

第二环节：解意悟妙，感悟"绝活"。问题(1)"刷子李"是一个什么样的人？(2)你从文中哪里知道的？

第三环节：语句运用，仿写"绝活"。问题：你会模仿本文细节描写的方法写一个人吗？

问题的提出实际上就是牵引教学环节往前推进，它的提出体现着一个从易到难、从无到有的循序渐进的过程。不可过难，也不可过易；不可太泛，也不可太繁。

要略四：语言的精简

教学语言涉及教学现场的变化，教师个人的语言习惯等。有人认为没有必要进行设计,否则就有过分设计的现象。即把教学过程当中所有老师的讲话与预设的学生的回答都一一写到教案上面,唯恐掉下一句而影响了教学质量。怎么办呢？可以从以下方面进行解决。

(1) 加强教师平时习惯用语的修炼。对于自己一些口头禅、习惯表达方式进行刻意纠正,尽量在语言表达时采用不同的方式进行阐述,加强自己语言的丰富性与生动性。

(2) 记住关键问题,舍弃次要问题。即在教学过程中出现学生"跑题"现象时,尽量矫枉回正,回归关键问题的讨论。

(3) 说话的内容尽量贴近教学目标与学生生活实际。

(4) 当学生提出疑难时,先把问题抛回给学生,倾听其他学生能否解决。在学生无法解答或者解答得不充分的情况下,老师才进行指导。

5. 形成个人课堂规矩,避免重复口头命令。许多老师在常态教学中经常会花费大量的精力来维持课堂纪律,对此,建议老师可以建立一套在自己班级维持课堂纪律的规范系统。

要略五：评价的精简

第一,"学—教—评"的一致性。"三板一线"的评价需要保持目标的一致性。即这一课你希望学生掌握的重难点就必须留下足够的时间让他进行消化、反馈。你设置的评价方式与内容就必须跟这"一线"息息相关,这样才能让"一课一得"落到实处。例如,《刷子李》这一课的最后设置了当堂进行小练笔的评价方式。以此来检测学生是否已经掌握了教学重点,是否已经"一得"了。

第二,评价涉及的面、量、度要适中。在"三板一线"的教学中因为目标相对集中,因此我们的评价所涉及的知识面不要太广,习题的数量也不宜太多,难度要根据实际学生的知识水平进行衡量。否则就容易造成所学非所得的局面。

第三,操作方式简易而有效。评价的方式不要过于复杂,形式尽量是学生平时所熟悉的,一来减少了学生适应这种方式的时间,二来减少了老师解释如何使用的时间。

第三节 推进的步骤

如果要在整个团队中推进小学语文阅读课"三板一线"教学模式，可以通过以下步骤进行。

第一步：先模仿形式。根据自己或团队原本形成的教学理解，从形式上把教学内容放到三大板块中。这一步从课堂的形式上把原有的教学程序固定下来，先在整体上对课堂的"三板"结构初步熟悉，并形成习惯。

第二步：研读"三板一线"理论，准确确定教学目标。在初步熟悉"三板"课堂结构的基础上，通过学习相关理论，教材解读，确定适合的教学目标。逐步学会把确定的教学目标放到适合的板块当中。

第三步：确定"一线"，贯穿"三板"。在熟悉前两步的基础上，逐步学习如何把教学重点贯穿到"三板"中，进行前后呼应的处理，并对教学方式、方法进行逐一细化，达到"三板一线"教学模式的要求。

在一个团队中推进"三板一线"教学模式时，可采用"以点带面"的方法。在团队教师中选取教研能力较强的几个教师设立"工作坊"。在推进过程中，"工作坊"的教师先行试验，寻找成熟课例作为推进样板课。每一步骤都可以采用"样板课"的形式逐渐带领其他教师参与进来。教学模式的学习，最快速的方式就是直接模仿。因此，"三板一线"教学工作坊的设立是一种非常重要的教研推进形式。

案例:"三板一线"样板课教学设计与实录

第一章 第一学段

第一节 《荷叶圆圆》聚焦语言积累的教学设计

教学目标

积累目标:认识"荷、珠"等12个生字,有主动认字的愿望。会写"鱼、美"等7个生字,养成良好的书写习惯。

理解目标:理解课文内容及情感,初步体会课文中"比喻"与"叠词"的表达方式。

运用目标:学习背诵方法并练习背诵课文。

课前预习

(1)用拼音学读生字;

(2)课文朗读五遍;

(3)标记生字词,划分自然段。

课时学习

一、积累语言

导入,营造学习氛围。(老师画荷叶并让学生玩记忆顺序的游戏。板

书：荷叶圆圆)

1. 熟识读音

（1）出示带拼音生字卡片，每个人开火车读。纠正读音后读一遍。

zhū yáo tǎng jīng tíng jī zhǎn tòu chì bǎng chàng duǒ
珠 摇 躺 晶 停 机 展 透 翅 膀 唱 朵

(师随机纠正。提示读好后鼻音及翘舌音的字。)

2. 字词识写

（1）归类识字。（学生分享识字方法）

让学生想一想这些生字或生词，在生活当中什么地方看见过？（简单提）

加上：亮、台、鱼、美、放。

(2) 归类识字。

词：荷叶　展开　翅膀　摇篮　歌台　歌唱

停机坪　小水珠　小蜻蜓　小青蛙　小鱼儿

词组：亮晶晶的眼睛　透明的翅膀　放声歌唱　笑嘻嘻地游来游去

(以上各读一遍)

句子：

小水珠躺在荷叶上，眨着亮晶晶的眼睛。

小蜻蜓立在荷叶上，展开透明的翅膀。

小青蛙蹲在荷叶上，呱呱地放声歌唱。

小鱼儿在荷叶下笑嘻嘻地游来游去，捧起一朵朵很美很美的水花。

（第一遍：读准确；第二遍：男生读前半句，女生读后半句；第三遍：加上动作读。）

(3) 指导写字。

出示 7 个会写生字，学生提示同伴注意哪些字的写法。

重点指导并范写"鱼、美"二字，全班练习描红，课本后面每个生字临摹一个。

3. 词汇意义

理解其他个别词语意思。

二、理解旨意

1. 大意结构

(1) 朗读课文，问题：找找荷叶的小伙伴都有谁？

(2) 都把荷叶当成了什么？完成课后连线题。

> ● 连一连，说一说。
>
> 小水珠　　小蜻蜓　　小青蛙　　小鱼儿
>
> 停机坪　　歌台　　凉伞　　摇篮

（课时分割线）　　　　　　　　　　（第1课时↑）
　　　　　　　　　　　　　　　　　（第2课时↓）

观察句子特点，练习记忆句子顺序。

小水珠　　小蜻蜓　　小青蛙　　小鱼儿

摇篮　　停机坪　　歌台　　凉伞

小水珠说："荷叶是我的摇篮。"

小蜻蜓说："荷叶是我的停机坪。"

小青蛙说："荷叶是我的歌台。"

小鱼儿说："荷叶是我的凉伞。"

（练习看着关键词说话，分别挡住上下词组进行说话训练，做好背诵准备）

XXX说："荷叶是我的XX。"

（提示：等一下背诵的时候可以参考这个顺序来记忆。）

2. 领悟表达

过渡：小动物们都那么喜欢荷叶，我们来看看作者是怎么写荷叶的？

（出示句子：荷叶圆圆的，绿绿的。）

对比观察句子，你发现了什么？

荷叶圆圆的，绿绿的。

荷叶圆形的，绿色的。

师总结：AAB 的词语能让我们感受到事物的可爱，表达喜爱之情。"圆圆的"写的是荷叶的形状，"绿绿的"是荷叶的颜色。所以，当我们写自己喜爱的东西时，也可以用是 AAB 形式的词语，从不同方面来形容。

三、运用拓展

1. 解难释疑

总结背诵的方法：初步熟悉文本—记忆关键词顺序—记忆对应关系—练习背诵

2. 实践运用

（1）分角色朗读课文。

这些小伙伴喜欢荷叶吗？找出你喜欢的句子美美地读一读。

分角色表演读

（独）　　　　　（合）

小水珠说："荷叶是我的摇篮。"小水珠躺在荷叶上，眨着亮晶晶的眼睛。

小蜻蜓说："荷叶是我的停机坪。"小蜻蜓立在荷叶上，展开透明的翅膀。

小青蛙说："荷叶是我的歌台。"小青蛙蹲在荷叶上，呱呱地放声歌唱。

小鱼儿说："荷叶是我的凉伞。"小鱼儿在荷叶下笑嘻嘻地游来游去，捧起一朵朵很美很美的水花。

（2）分段练习背诵。

（表演背诵——出示提纲全班背诵）

（3）反馈指导。

个别背诵，集体背诵。

课后复习

听写生字词（第一课时）。

背诵课文（第二课时）。

板书设计：

13　荷叶圆圆

（荷叶和荷花的简笔画）

小水珠　小蜻蜓　小青蛙　小鱼儿（图片）

摇篮　　停机坪　　歌台　　凉伞

第二节　《荷叶圆圆》聚焦语言运用的教学实录

执教者：邓晶文　整理者：张颉

教学目标

1. 认识"荷、珠"等 12 个生字，有主动认字的愿望。会写"鱼、美"等 7 个生字，养成良好的书写习惯。

2. 正确、流利地朗读、背诵课文，理解文中词句的意思，获得情感的体验。

3. 初步体会课文中"比喻"与"叠词"的表达方式，并能仿写句子。

教学实录

课前谈话：

（简笔画：大圆）

师：上课前这个大圆跳进了池塘，变成了一片什么呀？

生：荷叶

（PPT 出示：大荷叶）

师：你看到了一片怎样的荷叶？

生：圆圆的荷叶。

生：绿绿的荷叶。

……

师：圆圆的、绿绿的荷叶你们喜欢吗？

生：喜欢。

师：有一个作者和你们一样很喜欢荷叶，这一节课我们一起走进他的文章，会学习的小朋友举起小手和老师一起写课题。（板书课题）

师：作者觉得一个圆还不够，于是他写了两个圆，更能让我们感受作者对荷叶的喜爱。我们一起来读课题。

生：第13课《荷叶圆圆》。

第一板块：积累语言

1. 熟识读音

师：荷叶跟它的小朋友们发生了怎样的事情呢？让我们一起走进课文。走进课文前，先要检查你们的生字词。

师：这可是一群顽皮的生字宝宝，你们一定要全神贯注的，否则它们就"嗖"地溜走了。注意啦——（出示PPT：我会认带拼音）

（学生逐个认读）

师：同学们，请注意"躺、晶、膀、停、唱"的后鼻音要读准确，"珠、展、唱、翅"的翘舌音要读好。

师：去掉拼音还认识它们吗？一字一遍，一起读（出示PPT：我会认）

（学生齐读）

2. 识写字形

（1）归类识字。

师：生字的字音读准确了，你是用什么办法记住它们的呢？

生①：多读可以记住它。

生②：先记住它的偏旁，再看好另一个部件，就可以了。

生③：加一加。王+朱变成"珠"，木+几变成"机"。

生④：加一加，还有支+羽变成"翅"。

生⑤：还有换一换。"黄婷"的"婷"，"女"字旁换成单立人变成"停"。

师：同学们记字的办法可真多啊！我再告诉大家另外一个识字办法，这些生字你们生活中在哪见过呢？

生⑥："机"我见过。我在"飞机场"见过。

生⑦："机"字我在家里的"洗衣机"上见过。

……

师：对，我们要做个生活的有心人。

（出示PPT提示）

师：在路边见过这个标志吗？

生：见过，是"禁止停车"。

师：我们看到透明胶，透明胶上会有这样的字，我们一起读——（出示PPT）

生：透明胶。

师：（出示PPT）我们看到水杯，你会想到这个词吗？

生：透明水杯。

师：（出示PPT）这又是什么？

生：透明的翅膀。

师：这就是邓老师给你们带来的另一个好办法，"生活中识字"（板书）。一起来读读我送给你们的礼物。

生：生活中识字。

师：希望这份礼物，同学们能在生活中经常使用，做生活中的有心人，你们就会认识更多的字。

师：有了好的记字方法，记好生字就不难了。请同学们跟着小青蛙有节奏地踏着荷叶去游玩吧！一词一遍。（出示PPT）

（学生逐个认读）

（出示PPT词组）

师：请给这些词语找到最佳搭档，让我们来读一读。

（指名认读）

师：这里有两个词是一样的结构的，你们发现是谁了吗？

生：亮晶晶和笑嘻嘻。

师：它们有什么共同特点吗？

生：后面的两个字都是一样的。

师：没错，像这样结构的字就叫ABB式的词语。你还知道有哪些吗？

生⑧：白花花。

生⑨：绿油油。

生⑩：胖乎乎。

……

师：你们还是一个个"顶呱呱"的孩子。

（出示PPT句子）

师：当这些词语跳进了句子当中，会读吗？一起读。

（学生齐读句子）

师：孩子们，咱们读书要有节奏，跟着老师来一次。

（师范读一句，生跟读一句）

师：有进步。接下来，我们男女同学比比赛，看谁读得准确、有感情。男同学读前面半句，女同学读后面半句，预备开始。

（男女生合作赛读）

师：从你们的朗读中，我感受到了你们很喜欢它们。

（出示PPT动词句子）

师：同学们请仔细看看这些句子，有很多表示动作的词，它们分别是哪些呢？

生：有"躺""立""蹲""游来游去"。

师：你们可真是火眼金睛。我们来玩个小游戏——演一演！请全体起立，来，跟老师一起。

（师生表演读）

（2）指导写字。

（出示PPT 我会写）

师：句子都会读了，现在到了我们的快乐写字时间。快看看我们要写的字吧，你发现了什么？

生：它们都有一个"几"字。

师：你真是一个会发现的孩子。那这三个字中的"几"字写法都一样吗？

生：不一样。

生：前面两个字的"几"字都有钩，第三个"朵"字里的"几"没有钩。

师：这么小的变化都被你发现了，你的眼睛可厉害了。

师：请再看看这四个字，看哪个字在写的时候要留心什么地方？同桌之间互相提醒一下。

（学生同桌交流）

师：请看这个"美"字，我们要留意些什么呢？

生："美"字里有很多横，一共有四个横，要留意第三横是最长的。

师：真会发现，请看视频中的胡老师怎么写好"亮"和"美"的。

（示视频）

师：现在是我们的写字时间了，请打开书本72面，把课后的生字，每个生字描红一个，看看谁写得最漂亮，最认真。

（师强调坐姿、巡视指导）

233

3. 领悟意义（略）

第二板块：理解旨意

1. 大意结构

同学们，我们一起去美丽的池塘，欣赏荷叶和它的小伙伴们美妙的生活场景吧！请打开书本 70 页，自由读课文，找一找，荷叶的小伙伴都有谁呢？读课文要注意字词读准确，句子读流利。

（师巡视指导）

师：荷叶的小伙伴都有谁呀？

（示 PPT）

生：小水珠　小蜻蜓　小青蛙　小鱼儿

师：你说得很清楚，我们一起来给它们打打招呼！

生：小水珠，你好！

……

（示 PPT）

师：小水珠、小蜻蜓、小青蛙和小鱼儿分别把荷叶当成什么呢？请同学们打开书本 72 页，看谁能又快又准确地做一做这个练习题。

（检查汇报）

师：接下来，请同学们把这两组词语填进空格里面，会说吗？

（示 PPT）

＿＿＿＿＿＿说："荷叶是我的＿＿＿＿。"
小水珠　　　　　　摇篮
小蜻蜓　　　　　　停机坪
小青蛙　　　　　　歌台
小鱼儿　　　　　　凉伞

（齐读）

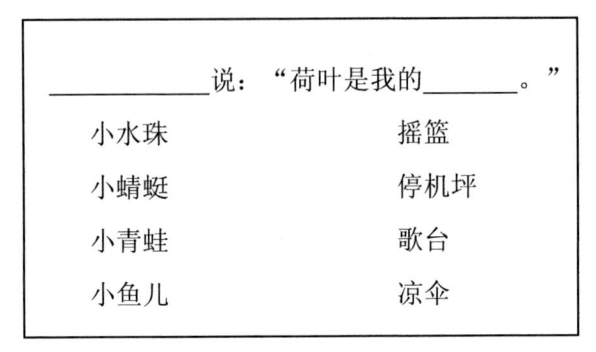

师：注意了，小动物的顺序和这组词语的顺序，有利于我们待会的背诵。

师：睁大眼睛，一组词语不见了（地方），还会填空吗？

（齐读）

师：好听呀，这组词又不见了（谁），还会填空吗？

（齐读）

2. 写作目的

（出示 PPT 图片）

师：这么多的小动物，你最喜欢谁？

生：我喜欢小蜻蜓。

生：我喜欢小鱼儿。

……

师：你喜欢谁，就回到课文的那个自然段，然后读两遍。看谁读得最好听。

（检查汇报）

师：此刻我们都变成它的小伙伴们。来，大家注意了，我们来开火车读一读，第一组小水珠，第二组小蜻蜓，第三组小青蛙，第四组小鱼儿，明白了吗？火车火车开起来。

生：（示 PPT 句子）小水珠说："荷叶是我的摇篮。"小水珠躺在荷叶上，眨着亮晶晶的眼睛。

生：（示 PPT 句子）小蜻蜓说："荷叶是我的停机坪。"小蜻蜓立在荷叶上，展开透明的翅膀。

生：（示 PPT 句子）小青蛙说："荷叶是我的歌台。"小青蛙蹲在荷叶上，呱呱地放声歌唱。

生：（示 PPT 句子）小鱼儿说："荷叶是我的凉伞。"小鱼儿在荷叶下笑嘻嘻地游来游去，捧起一朵朵很美很美的水花。

师：课文读了这么几遍，我觉得同学们读得特别好，你觉得自己读得有进步的，请把手举起来。我要送你们一份奖状，恭喜你获得"最佳朗读奖"。

（示PPT我会背）

师：来看一下，你们会背吗？

师：有人摇头，不要害怕，背课文是有方法的，如果一篇长的课文，我们找到课文的关键词，比如这一篇课文的小主人公，再记下来它们的顺序、动作，然后记录相关的画面，你就会很容易背下来。

师：根据这些关键词，我们试着背一背，起立！跟老师一起来？

（出示PPT）

小水珠	摇篮	躺	眨着
小蜻蜓	停机坪	立	展开
小青蛙	歌台	蹲	放声
小鱼儿	凉伞	游来游去	捧起

生：……

师：给自己一点掌声，请坐。把小手伸出来，邓老师又要送给你们奖状了，恭喜你获得"记忆大师"称号，还要恭喜你们获得了"最佳表演奖"。

3. 表达方式

（出示PPT）

师：为什么小水珠非得这样说，我换一个位置行不行？

生：不行。

师：小水珠说："荷叶是我的凉伞。"小蜻蜓说："荷叶是我的歌台。"小青蛙说："荷叶是我的停机坪。"小鱼儿说："荷叶是我的摇篮。"

生：哈哈……

师：为什么笑？为什么不行？

（出示PPT图文）

生：因为青蛙会唱歌，只能在歌台，不能换地方。

师：说得真不错，给他掌声鼓励，你是一个会思考的孩子。因为青蛙呱呱地，像唱歌，所以只能在歌台，继续说。

生：因为青蛙不能飞，不能停在停机坪上。

师：否则闹笑话了。

师：请看小鱼儿在哪？

生：荷叶下。

师：荷叶就像它的什么？

生：凉伞。

师：所以不能换。

师：再看这是什么？

（示 PPT 图片）

生：蜻蜓，飞机。

师：蜻蜓像什么？

生：飞机。

师：所以蜻蜓只能停在哪？

生：停机坪。

师：用两个相似的事放在一起，用另外一个事物来说明它，这样的写法叫打比方。它会让句子生动、有趣，让人读起来很喜欢。

师：谁来读小水珠，为什么说荷叶像摇篮？

（示 PPT 图片）

生：因为小水珠躺在荷叶上，像宝宝。风一吹荷叶，小水珠摇来摇去，所以说像摇篮。

师：这篇课文作者特别喜欢用打比方的句子，我们也来试一试。

（示 PPT 我也会说）

师：还有谁来呢？

生：小鸟。

生：小蝴蝶。

……

师：这篇课文很有特点，2~5自然段都在写"谁在说什么"，后面都写"它在干什么"。（示PPT文段）

师：看到这一池的荷花荷叶，又有谁来呢？它会说什么，又在干什么？

（示PPT）

生：小鸟说："荷叶是我的停机坪。"小鸟停在荷叶上。

生：小乌龟在荷叶上爬来爬去，说："荷叶是我的游乐场。"

……

第三板块：运用拓展

1. 解难释疑

师：小动物们很喜欢荷叶，作者也很喜欢，作者是这样来写的，我们来读读这两句话。

（示PPT）

> 荷叶圆圆的，绿绿的。
> 荷叶圆形的，绿色的。

（学生读中对比）

师：哪句话更能表达作者的喜爱之情？

生：上面那一句更能表达作者的喜爱之情。

师：为什么呢？

生：因为句子当中有"圆圆的"和"绿绿的"，很可爱。

师："是啊，像这样的词叫"AAB"式的叠词。这样的词让我们读起来会感受到作者的喜爱之情。（齐读）

2. 实践运用

师：像这样说明同一个事物，前面说形状，后面说颜色的句子，你们会说吗？

（示 PPT 练习）

生①：苹果圆圆的，红红的。

生②：桂花小小的，香香的。

生③：西瓜大大（圆圆）的，绿绿的。

生④：香蕉长长的，黄黄的。

……

师：以后在生活中同学们也可以用 AAB 式的词来表达。

3. 课后复习

（示 PPT 布置作业）

师：这节课我们就上到这里，继续完成课本后面的生字书写，并且把课文背诵给爸爸妈妈听。

第二章　第二学段

第一节　《太阳是大家的》聚焦文体意识的教学设计

课时学习

一、积累语言

1. 熟识读音

（1）出示生字卡片，学生认读。

（2）生字放入文中所在句子，多次朗读。

（3）正确朗读全文。

2. 识写字形

（1）指导学生正确书写和记忆生字：彤、霞、陪、趁。

（2）总结识记生字方法。

（3）完成习题：

看拼音写词语：红（　　）的晚（　　）；她（　　）着小朋友；她要（　　）人们睡觉的时候。

3. 领悟意义

出示全文，询问预习时还有哪些词语不懂它的意思？（先让学生试着回答，老师补充）

二、理解旨意

1. 大意结构

（1）正确流利地朗读全文，思考：你从诗歌中知道了什么？

（2）根据太阳一天"东升—做好事—西落—睡梦中"的顺序，分别给四节诗歌标题目。

（板书："东升—做好事—西落—睡梦中"）

2. 写作目的

（1）你喜欢太阳吗？有感情地朗读喜欢的句子。

（2）别的小朋友也喜欢她吗？（板书：同一个世界）

3. 表达方式

太阳真像一个人啊，她像谁呢？为什么？

（再次有感情朗读相关句子，体悟作者拟人式的语言）

三、运用拓展

1. 解难释疑

能把太阳做的那些好事背诵下来吗？（练习背诵第2节）

除了这些，太阳还会做些什么好事呢？（想象，随机提问）

2. 实践运用

模仿诗句写句子

她把_____洒向大地，

她让柳树长出_____，

她让森林_____，

她

……

3. 反馈测评

（1）朗读自己写的句子；

（2）提问：通过这节课你知道了什么？（机动环节）

课后复习

(1) 搜集世界各国资料与图片；

(2) 抄写生字词；

(3) 背诵诗歌。

板书设计：

```
              做好事
            ↗       ↘
       东升   25.太阳是大家的   西落
            ↖  （同一个世界） ↙
              睡梦中
```

第二节 《太阳是大家的》聚焦文体意识的教学实录

执教者：吴修媛   整理者：梁佩雯

教学目标

1. 认写"彤、霞、陪、趁"生字词。

2. 有感情地朗读课文，背诵课文第二节。

3. 理解课文大意，仿写诗句。

教学实录

一、积累语言

导入：课前游戏《物品变形记》。给海绵添加人物表情，观看动画片《喜羊羊与灰太狼》，总结出拟人手法运用的例子来。

1. 熟识读音

师：同学们是否有预习呢？老师想检查一下（出示课文带生字的组词），同学们会读的请举手。

生：齐刷刷举手。

师：待会老师请同学读，他读对了就请全班跟他读。

生：（一生站起来）红彤彤（读作第一声）。全班跟着读红彤彤（同左）。

师：咦？这个字不是第二声吗？（指着彤）

另一生：红彤彤（读作第二声）。部分学生跟着读成第二声。

师：怎么有的同学不敢跟着她读？你们印象中这个词都是读作"hóng tōng tong"，对不对？

生：（底气不足道）对。

师：对，同学们读第一声就读对了！这里，"红彤彤"是ABB的词语，这个"彤"在词语中发生了变调，读第一声。比如说我们学过的"绿油油"，其中的"油"也是一样发生了变调，改为读第一声，知道了吗？来，跟老师读。

生：红彤彤（读第一声）。

师：不过如果"彤"不是在ABB词语中，它单独一个字的话是读"tóng"，很多女孩子也喜欢用这个"彤"做名字，我们班有吗？（寻找学生）

生：（有人举手）

师：很好。来，接下来下一个词，谁来读？

生：（不同学生分别读"睡觉、晚霞、趁着、陪着、睡梦、浪花"）

师：（适时指导学生的"着"的翘舌音，并指导学生读词语时要读短促一点）

师：（随机出示课文生字）请学生快速读准确。（重复两次）

师：同学们，这些生字词你们都可以读对了，那现在把他们放进句子里，齐读这画线的句子，预备起。

生：齐读。

师：这些句子放进诗歌里面，我们完整读一遍，好吗？现在请打开语

243

文书，翻开第 25 课，预备起。

2. 识写字形

（1）指导学生正确书写和记忆生字：彤、霞、陪、趁。

师：（生读完后）同学们读的字音很准确，非常好。那这篇课文的生字我们读对了，接下来我们要写的字有这四个，现在请同学们观察一下，告诉我这些字的偏旁结构，以及你是怎么记住它的。

生："彤"字是左右结构，部首是三撇儿。

师：我们可以总结为"彤"字是左右结构、三撇儿。你是怎么记住这个字的？

生：首先要记住左边的"丹"（老师提醒：牡丹的丹），右边是三撇儿。

师：那么三撇儿要怎么写好？

生：（全班）三撇儿写在一条直线上。

师：三撇儿要写的间隔匀称。前面两撇和最后一撇有什么变化？

生：最后一撇比较长。

师：对。最后一撇比较长，就可以把这个字写端正、美观了。接下来谁继续用这个方法来观察，并说说怎么写下一个字？（出示"霞"字）

生：上下结构雨字头，上面是雨字头，下面是假的右半部分。

师：那我们干脆说是"假"字把单人旁换成雨字头，那这个字写的时候有什么要注意的？

生：雨字的横折钩变成横钩。

师：没错。同学们已经越来越懂得运用方法来认识生字了。接下来谁来说？（出示下一个字"趁"）

生：半包围结构走字底，用换偏旁记住的，"珍"的王字旁换成走字底，就变成了"趁"。

师：说得很对，表扬你！"趁"字的哪一个笔画要注意写长？

生：（齐声）捺。

师：观察得很仔细！最后一个谁来说？（出示"陪"字）

生：左右结构左耳旁。用换偏旁的方法来记，用"倍"把单人旁换成左耳旁。

师：我觉得后来的同学已经越说越棒了。这个"陪"还有点特殊，如果把左耳旁换成右耳旁就变成了……

生：部。

师：分析完字形以后，我们来看看这几个字哪一个字的笔画最多呢？

生：霞。

师：那老师就教同学们写一个"霞"，请同学们右手食指伸出来，我来写你来说，第一笔……

生：横……（说笔画）

（2）完成习题。

师：同学们记住这几个生字了吗？现在请同学们拿出抽屉里的练习纸，快速完成这几道练习题。请注意写字姿势。（PPT出示这几道习题，老师关注学生的书写双姿和习题完成情况）

（大约2分钟后）

师：大部分同学都完成了，来看看正确答案，同学们自己对照一下。尤其注意"彤"和"霞"的书写。答对的同学请一起读读这几道习题。

生：齐读。

3. 领悟意义

师：好，生字词我们就讲到这里，同学们在预习的时候有没有遇到什么词语还不明白什么意思的呢？有的请现在提出来。

生：（一生站起来问）"睡梦"是什么意思？

师：谁能帮助她解答一下"睡梦"的意思？

生：（另一生答）睡觉时候做的梦。

师：其实我们在遇到不懂的词语的时候，可以尝试分别给他们组词，例如说"睡"是"睡觉"，"梦"是"梦见"。所以合起来就是"睡觉的时候梦见的事物"。还有其他人有疑问吗？

生：（一生问）"戏水"什么意思？

师："戏"是什么意思？

生：（全班齐答）玩。

师：那合起来就是说"玩水。"（与生一起答）

二、领悟旨意

1. 大意结构

师：我们马上就进入到诗歌学习中去了。请同学们自由朗读一遍课文，并思考"你从诗歌中知道了什么？"读完的同学请举手，开始吧。（学生自由读，老师巡查）

师：听到同学们朗朗的读书声，真好听。来，谁来告诉我你知道了什么？

生：（一生答）我从诗歌中知道了这是一首赞美太阳的诗歌。

师：掌声送给她，说得太好了。谁也来说说？（补充道）为什么要赞美它？赞美它什么？

生：（另一生答）因为太阳做了许多好事。

师：那诗歌中哪一节告诉我们太阳做了许多好事呢？

生：第二节。

师：我们从第二节知道太阳做了许多好事（在黑板上贴：做好事）那你知道太阳又是从哪里升起，哪里落下的吗？

生：在东山升起，西山落下。

师：那就是总结为"东升""西落"。（边说边贴图）我们是从哪一节知道太阳东升西落的？

生：第一节和第三节。

师：那就是说，我们从第一节和第三节可以知道太阳是东升西落的。那我们在第四节又可以知道什么呢？别的国家的小朋友又是怎么样呀？

生：别的国家的小朋友也喜欢太阳。

师：在哪里等太阳呀？

生：睡梦中。

师：（贴"睡梦中"。指着黑板上的四个贴图，画上连线）这就是这首诗歌的主要内容。

2. 写作目的

师：那你们喜欢太阳吗？（生齐答喜欢）那请你找出你喜欢的句子，读出你的喜欢。

（大约1分钟，学生读自己喜欢的句子）

生：他陪着小朋友在海边戏水，看他们扬起欢乐的浪花。

师：你喜欢玩水吗？请你再读一读这一句。（生带着喜欢的语气，再读了一次）

生答：在别的国家里，也有快乐的小朋友，也有小树和鲜花。

另一生答：我知道，在那里的小朋友和鲜花正在睡梦中等他，盼他。

师：老师觉得同学们一起读的时候都很棒，可是一个人读的时候有点害羞腼腆。来掌声鼓励鼓励自己吧。（生鼓掌）接着我们来把太阳做好事的这一节来读一读，好吗？

（生齐读）

师：你们为什么喜欢这一节呢？

生：因为太阳做了许多好事。

师：太阳做了许多好事，我们想要……

生：感谢他。

师：既然想要感谢他，我们在读的时候就要带着……

生：开心、快乐、感激的语气读。

师：跟我来（老师带读、学生跟读）谁能像老师这样读一下？

生：（一生带着感激的语气朗读第二节）

师：有点感觉，有点像了，越来越接近了。谁还能读一读？

生：（另一生继续带着感激的语气读）

师：越来越有感激的语气了，谁再来试试看，找个男生读吧。（一男生读）

真的越来越好了，现在我请全部女生站起来读，记住我们的约定，带上感激的语气读。（女生读）师：如果我是太阳，我一定感到非常高兴。接下来，男生也试试看，可以吗？（男生读）师：男孩子读得很有阳刚之气。如果男女对比的话，我觉得女生略胜一筹。

师：别的国家的小朋友也喜欢太阳吗？你从哪一节可以看出来？

生齐声答：喜欢。第四节。

师：读给我听。（生齐读第四节。）读书要读完整："在别的国家里，……起。"（学生再读一次）

师：我们三（6）班的小朋友喜欢太阳，三（1）班的小朋友也喜欢；育贤小学的小朋友喜欢，我们中心小学的小朋友也喜欢；我们中国的小朋友喜欢，外国的小朋友也喜欢。因为……

生：（异口同声答）太阳是大家的。

师：让我们带着喜欢的语气再读读最后一节吧。（学生齐声朗读）

3. 表达方式

师：太阳真像一个人啊！你觉得太阳像谁呢？提醒一下，不是说太阳的样子像谁？（手里拿着太阳的笑脸图）

一个学生说：像向日葵。

另一个学生说：像地球的妈妈。

师：（全班掌声）你们说太阳像妈妈吗？

生：像！

师：为什么说（太阳）像妈妈？还有谁来补充一下？它还像谁呢？它做了这么多好事……

生：它还像雷锋。因为雷锋也做了许多好事。

师：你们同意吗？我也很同意，表扬你开动脑筋。太阳就是这么像母亲，像雷锋，做了这么多好事。那么太阳真的是人吗？

生：不是！

师：那作者为什么还把太阳当作人来写呢？

一生答：因为他想把这篇文章写得很好。

另一生答：因为他做了很多好事。

再一生答：因为他要赞美太阳。

师：其实诗歌就是运用了（跟学生一起说）拟人的修辞手法。这就跟课前老师给你看的海绵宝宝、星星和月亮、喜羊羊一样，都是运用了拟人的修辞手法。这样可以使文章更加地生动有趣。（学生也一起说）

三、运用拓展

1. 解疑释难

师：（PPT 出示课文第二节：做好事）现在老师给你个任务，请你把太阳做的这么多的好事背下来，两分钟，好吗？开始吧！

生：（生各自练习背诵）

师：已经有越来越多的同学举手了，有同学愿意来挑战一下吗？

生：（几个学生轮流展示，再全班带感情背第二节）

师：思考太阳不仅仅做这些好事，还会做什么好事呢？

生：冷天的时候给人们带来温暖。

师：给人们带来温暖，说得好！还有做什么好事吗？

生：它让森林变得绿油油。

师：说得好！它还会做什么好事？

生：它带来了光明。

另一个学生补充道：给大地带来光明。

又一个学生：帮助我们把衣服棉被晒干。

2. 实践运用

师：同学们都说得对！如果让你把他们写下来，你还会吗？拿出我们的练习纸，这里有两段，试着先写好第一段，再写第二段。同学们写字的

249

时候还是要注意自己的坐姿和握笔姿势。

(学生写,老师巡视,给予适当的指导。)

(五分钟后)

3. 反馈测评

师:好,同学们。我看同学们都很棒,在思考,那么现在老师请几个同学来读一读,其他同学请认真聆听,刚才我打钩的那几个同学请起立。

第一个学生:一天中,太阳做了多少好事。她把金光洒向大地,她让小草长出了嫩绿的叶子,她让森林变得绿油油的。(师:掌声送给她)

第二个学生:一天中,太阳做了多少好事。她把金光向被子上照,她向寒冷的地方照去,她把冷冰冰的地方变得很暖和。

第三个学生:一天中,太阳做了多少好事。她把金光往衣服上洒,她把小草往高处拔,她陪着我们一次次去比赛,看着我们一次次地胜利。

第四个学生:一天中,太阳做了多少好事。她把温暖洒向大地,她让小草长出鲜艳的花,她让森林长出茂盛的树木。

一天中,太阳做了多少好事。她把温暖送给病人,她把整个地球点亮了光明,她把洗过的衣服晒干,又陪着孩子们在欢乐的笑声中嬉戏。

师:掌声送给这些同学。是啊,同学们,通过这一篇课文,我们知道了什么?

生:(不约而同)太阳做了许多好事。

师:是啊,每当太阳冉冉升起的时候,太阳给了我们光明、温暖和快乐。全世界的朋友都在期盼着她,因为……

生:太阳是大家的。(PPT出示)

师:最后让我们带着感激的语气来歌颂太阳,再次读这首诗。请准备。(全班齐声朗读)

师:这节课我们就上到这里,下课!

第三章　第三学段

第一节　《彩色的非洲》聚焦学习方法的教学设计

课时学习

课前谈话：聊旅游印象深刻之处，如何有条理地说清楚呢？今天老师教授一个方法。

一、积累语言，初识"多彩"

1. 词组正音

注意辨别犷、旷的读音。

2. 词汇意义

理解"彩色"，理解题目。

3. 检查词组运用与搭配

二、理解旨意，感悟"多彩"

1. 大意结构

（1）找关键句，厘清结构。

（什么结构？总起句，总结句，过渡句）

（2）"色彩斑斓的世界"主要表现在哪些方面？

（板书：自然景观，日常生活，艺术，植物，动物，天空）

（3）小组合作，完成思维导图。

（学生完成导图；展示导图）

2. 写作目的

（1）谈谈你对非洲的印象？作批注。

（2）朗读，反馈。

（3）重点研读第四自然段"花树"。

体会"妙不可言"：(a)什么叫"妙不可言"；(b)妙在何处？(c)它是如此的美妙，谁能美美地读一读？（指导朗读）(d)师配乐引读。(e)能否去掉"更是"？

3. 表达方式

写游记类的文章抓主要特征，层次分明。

三、运用拓展，寻找"多彩"

1. 解难释疑

本单元"游记"的主要特征。

2. 实践运用

利用思维导图，阅读"维也纳生活圆舞曲"，归纳文章层次。

3. 反馈测评

反馈，总结。

课后复习

搜集资料，继续品味彩色非洲的异域风情。

板书设计：

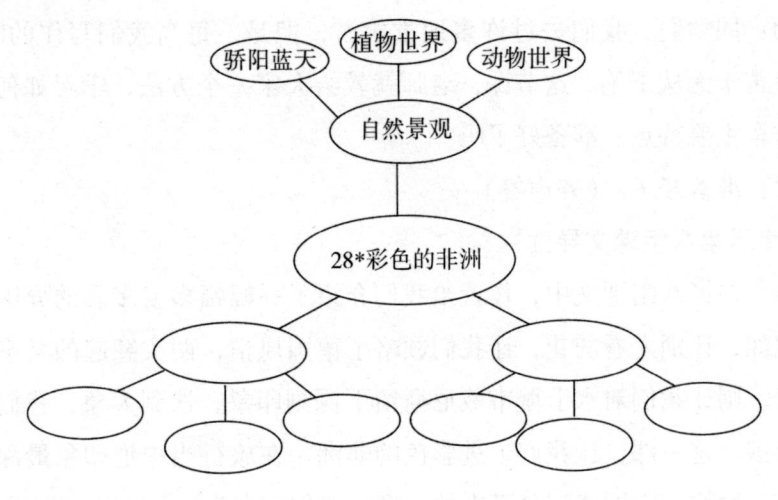

```
        植物世界
  骄阳蓝天  │  动物世界
      \  │  /
       自然景观
          │
      28*彩色的非洲
      ╱        ╲
     ○          ○
    ╱│╲        ╱│╲
   ○ ○ ○      ○ ○ ○
```

第二节　《彩色的非洲》聚焦学习方法的教学实录

执教者：陈升旭　　整理者：钟肖君

教学目标

1. 积累并理解词组。

2. 理解课文结构和表达特点。

3. 学习使用思维导图的方法，梳理游记文章的结构特点。

教学过程

课前谈话：

师：你们去过哪里旅游呢？近的、远的都可以，只要你印象最深刻。

生：佛山的一座塔。

师：那是一座怎样的塔呢？

生：山上的一座塔，记不起来了。

师：还有谁想分享自己去过的地方吗？

生：记不起来去过的地方。

师：同学们，我们去过许多地方旅游，但是，每当我们写作的时候，却往往苦于无从下笔。这节课，老师就教给大家一个方法，学习如何记住写景文章主要特点。准备好了吗？

生：准备好了。（齐声答）

（出示第八组课文导读）

师：在第八组课文中，作者给我们介绍了一幅幅多姿多彩的异国风景画。比如，让别人看的花，让我们领略了德国风情；两头翘起的又窄又深的小艇，则让我们对水上城市威尼斯留下深刻印象；谈到大象，我们就想起了泰国。这一课，让我们走进彩色的非洲。在旅行当中把印象最深刻的景、人、物按一定顺序记录下来的文章，我们称之为？（出示：游记）

生：游记。

师：请同学们打开课文，和老师一起书写课题（板书课题）。请同学们齐读课题。

（生齐读课题）

一、积累语言，初识"多彩"

1. 词组正音

师：课文当中有一些生词，看看你们会不会读。（出示四字词：繁花似锦、碧海荡波等）

（学生开火车逐个认读）

师：同学们都读对了，再来看一组，读错的请同学们一起纠正。（出示：炽热的阳光浩瀚的天穹等）

（学生开火车逐个认读）

师：请问"沙瓤的西瓜"是怎样的呢？

生：就是最甜的部分。

师：没错，"沙瓤"的意思就是西瓜当中中间最甜的部分。我们接着读下一组词语。（出示：黑白相间的斑马、熊熊燃烧的篝火、含情脉脉的

少女等）

（学生开火车逐个认读，师相机纠音）

2. 词汇意义

师：同学们，请问什么叫"色彩斑斓的世界"呢？

生：表示颜色很多的。

师：在这些词语里面，你能感受到哪些颜色呢？

生①：蓝色

生②：红色

……

师：总之就是很多种颜色，才叫作……

生：色彩斑斓的世界！

师：所以才叫"彩色的非洲"。让我们把这些"色彩斑斓"的词语再读一遍。

（生齐读三组词语）

3. 词组意义

师：你们记住了吗？请同学们看着这些词语，在脑海中画一幅画，看看你们还能不能说出他们的名字。（出示图片）

师：这幅图片是？

生：硕大的花朵。

师：非常好，说明词语已经在你的脑海里。我们继续！（出示图片）

生：熊熊燃烧的篝火。

师：还有呢！（出示图片）

生：碧海荡波。

师：只有这样记，这些词语才算真正进入我们的脑海中，才算真正属于我们的知识。

二、理解旨意，感悟"多彩"

1. 大意结构

（出示阅读提示：自由读课文、找关键句子，厘清结构）

师：有谁能读一读一段提示语？

（指名读要求）

师：什么是自由读？

生：自己读自己的，自由朗读。

师：什么是关键句？

生：含义特殊的句子。

另一生：抓住"彩色"这样的关键词的句子。

师：很好，因为抓住了中心词来写的，所以这个关键句就是中心句。如果关键句放在第一段的，我们称为——

生：总起句。

师：如果放在最后一句称为——

生：总结句。

师：放在中间，能承上启下的，我们称为——

生：过渡句。

师：这些句子都叫作什么呢？

生：关键句。

师：什么是结构呢？

生：总分总、总分、分总。

师：同学们都明白题目的含义了，我们开始自由读课文。

（生自由朗读课文）

师：老师来检查你们读的情况。你们认为这篇课文的结构是什么？

生：总—分—总

师：哪一段是总起呢？

（生齐读第一段）

师：那么总结句呢？

（生齐读最后一段）

师：（出示 PPT 句子）这两句都不难。那么中间的过渡句是哪些呢？

生：非洲不仅植物是彩色的，动物世界也是彩色的。

师：（出示句子）找对了。还有吗？

（生找文中的关键句）

师：关键句我们找到了，我们来看看过渡句在课文的哪里？（出示课文内容的图片）

师：请观察这一句"非洲不仅植物世界是彩色的，动物世界也是彩色的"。请问这一句前面和后面分别讲什么？

生：上面讲的是植物世界，下面是动物世界。

师：再看这一句。（出示句子）

生：上面讲的是自然景观，下面是日常生活。

师：原来的植物和动物都去了哪里了呢？

生：植物和动物都包括在自然景观里。

师：原来自然景观就是大段的过渡句，它前面还包括了植物和动物。这里有一定的层次，我们可以用"思维导图"来表示。

（板书思维导图）

师：我们把课文脉络整理出来了。请看最后一个过渡句（出示句子：非洲人艺术也是彩色的。（生齐读）

师：课文还有一个角落是写艺术的。(补充思维导图)

师：我们知道大的框架，还有一些小的框架，请同学们利用思维导图，把表现彩色的非洲方面写下来。

(出示学习提示语)

师：请同学们默读课文，和同桌之间，一起完成这一个题目。(派发练习纸)

(生默读课文，并填写练习纸，补充思维导图)

师：谁愿意展示自己的作品？

生：日常生活中有穿的衣服、吃的食物、住的房子。

师：都是四个字的，你能简单写成两个字吗？

生：服装、食物、住处。

师：非常好，请你作为代表在黑板上补充。第二部分艺术的，有谁会吗？

生：绘画、工艺品、舞蹈、音乐。

师：请你写到黑板上。

师：请看日常生活里，我们能不能把两个字变成一个字呢？

生：服装变成"衣"，食物变成"食"，住处变成"住"。

师：非常聪明，日常生活可以概括为"衣、食、住"。

师：文章脉络清晰，你们概括十分精准。

2. 理解旨意

师：同学们，你喜欢非洲吗？

生：喜欢。

师：找找非洲的什么地方最吸引你？

(学生寻找相关句子和段落)

师：在课本上把吸引你的地方画出来，并在旁边批注，美美地读给你的同桌听。

(学生作批注，朗读句子。)

3. 表达方式

师：同学们，上课前，我们说总是记不住旅游印象深刻的地方，那是因为我们没有仔细观察印象深刻的地方。因此旅游的时候，我们可以利用思维导图这个工具记录我们印象最深刻的内容。

师：一个地方让你印象最深刻的地方都不同，比如季羡林先生选择德国的花，马克·吐温选择威尼斯的小艇，而泰国则是大象。假如北京呢？

生①：天坛

生②：烤鸭

生③：故宫

……

三、运用拓展，寻找"多彩"

1. 解难释疑

师：提及一个地方，要提炼出代表性的事物。这就是我们写游记时所需要注意的，把这个地方的特征按一定顺序写出来。下面大家试着用思维导图这个方法寻找"游记"文章的脉络。

2. 实践运用

师：下面老师带你去一个特别的地方。知道这是哪里吗？

（出示提示词：音乐之城）

生：维也纳。

师：维也纳是一个著名的城市，在语文书后面的选读课文里也有这么一篇选读文章是介绍维也纳的，和本文一样是一篇游记。（出示 PPT 的思维导图）这里的思维导图有一个大框架，还有中框架，但是没有小框架。请同学们默读这篇文章，把你所读到的脉络整理出来。

（生默读课文，利用思维导图整理课文脉络）

3. 反馈测评

师：请一位同学反馈一下。

生：中框架是鸟儿、花钟、道路、酒馆。

师：还有其他意见吗？

生：鸟、花、道路、酒馆。

师：你的答案更加简洁。同学们都能把四个大方面找到了。

师：这节课给你们介绍了一种方法来写游记，那就是挑选旅游中具有代表性的事物，按照一定的层次和顺序记录下来。

课后复习

（出示 PPT 布置作业）

师：如果同学们对非洲感兴趣的，还可以收集更多的资料，大家一起分享交流。下课！